U0709811

如何阅读
《西游记》

丛书主编｜吴欣歆
本册主编｜赵　轩
　　　　　屈文举
　　　　　江孝阳
　　　　　陆　迪

北京师范大学出版集团
BEIJING NORMAL UNIVERSITY PUBLISHING GROUP
北京师范大学出版社

图书在版编目(CIP)数据

如何阅读《西游记》/ 赵轩等主编. 一北京：北
京师范大学出版社，2020.1(2024.7 重印)
（新课标整本书阅读）
ISBN 978-7-303-25309-8

Ⅰ．①如… Ⅱ．①赵… Ⅲ．①阅读课－高中－教学参
考资料 Ⅳ．①G634.333

中国版本图书馆 CIP 数据核字(2019)第 272927 号

营 销 中 心 电 话 010-58808083
北师大出版社少儿教育分社 010-58806648

RUHE YUEDE XIYOUJI
出版发行：北京师范大学出版社 www.bnupg.com
　　　　　北京市西城区新街口外大街 12-3 号
　　　　　邮政编码：100088
印　　刷：北京溢漾印刷有限公司
经　　销：全国新华书店
开　　本：710 mm×1000 mm　1/16
印　　张：8.5
字　　数：102 千字
版　　次：2020 年 1 月第 1 版
印　　次：2024 年 7 月第 2 次印刷
定　　价：32.00 元

策划编辑：焦　晗　　　　　责任编辑：张倩怡
装帧设计：魏　巍　熙铭文化　美术编辑：林思宏　李诚真
责任印制：李汝星　　　　　责任校对：王子轩

前　言

　　新加入"整本书阅读"的品种共四册：《如何阅读〈水浒传〉》《如何阅读〈西游记〉》《如何阅读〈钢铁是怎样炼成的〉》《如何阅读〈红星照耀中国〉》。其中蕴含的思想观念、人文精神、道德规范，能够多角度联结新时代的社会生活，引领同学们思考经典作品的当代价值，启发大家探索如何实现创造性转化、创新发展。四本书可以有不同的分类方法：古典文学经典，革命传统经典；长篇小说，报告文学；中国作品，外国作品；传统文化，革命文化……作为编者，我们期待能够以一当十，提供典型样例，帮助同学们举一反三。

　　整套书的体例一致，每本书都包括作品概观、整体梳理、研读指导三部分。

　　第一部分"作品概观"包括四方面内容。其一，版本讨论。版本学是专门的学问，中学生不需要掌握版本学的知识，但要树立"好版本"的意识。编者遴选并推荐适合中学生阅读的优质版本，期待帮助大家建立起"好版本"的标准。有些版本在译介过程中有"故事"，我们也呈现出来，旨在丰富同学们对作品的了解，增添趣味。其二，文学价值。一部作品的文学价值随着社会的发展、时代的进步，被挖掘得更为丰富和深刻，读者在阅读过程中对作品的"接受"也会影响其文学价值的发展，对作品文学价值的讨论力求帮助同学们建构起解读文学作品的基本框架。其三，作者故事。编者选择与本部作品相关的作者经历，旨在帮助大家"知人论世"，经由作者的精神世界更深入地走进作品。其四，跨界阅读。经典作品常常会有多种艺术表现形式，不同艺术门类的表达方式能够帮助同学们更好地理解文学语言的特点，认识文学语言的魅力。必须说明的是，"跨界"以语文学习为基础展开：有些跨越学科边界，比如从历史、政治、地理等学科的角度讨论作品；有些跨越艺术边界，比如从音乐、影视、美术等艺术领域寻找能够与文学原典建立关联的作品展开讨论。

第二部分"整体梳理"着力于推动同学们"通读全书"。结合不同作品的具体内容，编者有针对性地选择 3～5 个能被中学生理解的文学理论或阅读理论，用相关理论支撑大家深读文本，扎根文本，形成自己的认识和理解。由于每部作品的特点不同，"整体梳理"部分的内容有较大的"区别性"，建议大家读完四本书之后做一张思维导图，综合四本书"整体梳理"的内容，尝试寻找到个性化的阅读策略。

第三部分"研读指导"涉及三个内容。第一，有深度的阅读。编者设计阅读任务，试图帮助同学们走出概念化、标签化的浅阅读状态，从不同的角度深入作品，对作品形成完整、深刻的认识，在作品和自己的生活之间形成互动，逐步在经典作品的引导下形成对人生、对世界的正确认识。建议大家在完成任务的过程中不断重读作品，获得更为丰富、多元的阅读发现，形成更为独特的阅读体验。第二，有创意的写作。写作在社会生活中无处不在，编者立足作品为大家设计灵活多样的写作活动，期待大家用写作记录阅读过程，探讨作品主题、手法等方面的问题，表达阅读感悟。写作的目的在于加深对作品的理解。第三，有视野的拓展。主要为同学们提供拓展阅读建议，分为三个基本向度——互文解读、对比阅读和延展阅读。互文解读提供的阅读资源有助于同学们从不同侧面理解作品，对比阅读有助于大家发现"这一本"的特点，延展阅读从不同视角提供相关资源。三个向度共同指向检索相关信息的视角和方法，探寻深入研读作家作品的经验和策略。其中涉及批判性和创造性阅读的内容重在启发同学们思考当今社会如何认识名著的价值，从自身角度怎样作出合理的判断与选择。

在编写过程中，编者始终秉持对作品价值、对《义务教育语文课程标准》理念、对中学生实际需求的尊重，努力帮助大家整体把握作品的思想内容和艺术特点，关注作品整体的艺术架构；努力为大家提供阅读的门径和经验，找到阅读经典的一般规律与方法，跳出理解文本的主观经验，探寻走进作品的科学策略。期待大家通过阅读整本书，拓展阅读视野，积累阅读整本书的经验，形成适合自己的读书方法，提升阅读鉴赏能力，养成良好的阅读习惯，深入学习中华优秀传统文化、革命文化、社会主义先进文化，形成正确的世界观、人生观和价值观。

怎么合理使用这套书呢？有两点建议。一是希望大家能够在这套书的帮助下读完"原典"。这套书的作用是"引领"中学生阅读经典名著，而不是"替代"。期待同学们不单纯为通过"考试"而使用这套书，虽然它一定能对大家达到考试要求有帮助。二是希望大家认真完成书中设计的各种任务。借助这些任务从"知道"走向"懂得"，生成自己的阅读体验，总结自己的阅读经验；用好书中提供的各种示例，追问示例和自己的作品在思维和表达方式上的不同，确定自己阅读发展的"生长点"，进入更理想的阅读状态。

祈盼这套书带领更多的中学生走进名著阅读，成为真正的阅读者，在阅读中走向更好的自己，成为未来社会的合格公民。

吴欣歆

目录

第一部分 作品概观

第二部分
整体梳理

第三部分
研读指导

第一部分

作品概观

第一节

版本讨论

一、《西游记》版本源流

今天我们广泛阅读的百回本《西游记》并不仅是作家吴承恩的个人创作，而是一部由某一历史事件生发，经过史书记载、民间艺人演说的长期流传、世代累积荟萃，最后由文人创编定型的一部小说巨著。目前，这一结论得到了学界广泛认同。在这几百年的流变中，产生了许多以玄奘取经这一历史事件为蓝本的西游故事。最早的是由唐代玄奘口述、弟子辩机编的地理史籍《大唐西域记》，成书于唐贞观二十年（646 年），此后一系列作品主要有玄奘的另外两位弟子慧立、彦悰完成的《大慈恩寺三藏法师传》，以猴行者为主要人物的话本《大唐三藏取经诗话》，元代的《西游记杂剧》，元末明初的《西游记平话》等。至今西游记研究者对这一流变过程还存有许多疑问和不同意见。而后出现的版本对之前的作品既有沿用，又有删改与补充，这也符合通俗文学创作发展的规律。

《西游记》成书过程中的几个重要阶段

(一)百回本之前《西游记》源流

《西游记》成书前有许多蓝本，上文已经提到。我们可以重点关注

《大唐西域记》和《大慈恩寺三藏法师传》的成书过程、《大唐三藏取经诗话》成书阶段和《西游记》小说阶段。

1. 最早基于历史事件的《大唐西域记》和《大慈恩寺三藏法师传》

玄奘取经归来（645年），受到盛大欢迎。唐太宗召见了他，对他的才学十分赏识，命令宰相房玄龄选取高僧，协助玄奘翻译佛经。唐太宗还敦促他把在西域的所见所闻撰写成书，于是由玄奘口述，弟子辩机执笔的《大唐西域记》一书在贞观二十年（646年）问世。《大唐西域记》记载的是玄奘亲身游历西域的所见所闻，其中包括对两百多个国家和城邦及许多不同民族的记录。书中对西域各国、各民族生活方式、建筑、婚姻、丧葬、宗教信仰、疾病治疗和音乐舞蹈等方面的记载，从不同层面、不同角度、不同深度反映了西域的风土民俗。这算是忠实于历史的取经故事原型资料，记录真实见闻，并非讲传奇故事。玄奘逝世后，他的弟子慧立、彦悰将他的生平及西行经历写成《大慈恩寺三藏法师传》。其前五卷记玄奘西行前的情况和西行十几年的经历，虽是传记，也可作为地理行记来读，和《大唐西域记》互相证补。后五卷，记载了玄奘回长安后到逝世这段时间在佛学上所做的贡献，和宫廷的来往，向太宗、高宗呈交的奏疏，涉及玄奘的宗教佛事活动，还记述了玄奘译经事业及最后在玉华宫示寂等，我们从中可了解唐初的宗教政策和京城的佛教活动。《大慈恩寺三藏法师传》为了展现老师玄奘的功业以及更好地弘扬佛法，有意识地增加了许多佛教中的故事。《大慈恩寺三藏法师传》这一特殊的背景，为《西游记》拥有独特的文化底蕴奠定了基础。虽然有些夸张，但为后世人们编创越来越神魔化的众多版本的《西游记》提供了广阔的想象空间。

2. 渐渐走向本土的《大唐三藏取经诗话》

《西游记》在后世的演变主要表现为本土化，突出表现这一特点的就是话本《大唐三藏取经诗话》。它在改编《大慈恩寺三藏法师传》的基础上，将西游故事与本土民间神话故事相融合。话本编创者为了消解佛教故事离奇神变的色彩，把建立在民族文化心理上的一些原生神话引入取经故事之中。例如《大唐三藏取经诗话》猴行者自称是"花果山紫云洞八万四千铜头铁额猕猴王"，因偷了西王母的蟠桃，被王母捉下，配在花果山紫云洞。西王母的神话故事在唐以前就有流传。西王母的故事与西游故事的结合，使得取经故事内容更加丰富，既将深植于民族文化心理中的神话故事元素引入西行取经的故事之中，又充分拓展了佛教神变故事的想象空间。正是因为这样的文化融合过程，《西游记》在外来文化和民族文化的交流碰撞中开始生发出越来越多的文化意义。

3.《西游记》小说阶段

从《大唐三藏取经诗话》到明朝百回本《西游记》出现之前，这期间关于《西游记》的文献几乎是空白的，真能透露一些痕迹的是编撰于1403年至1408年的《永乐大典》，其第13139卷摘录了"魏征梦斩泾河龙"残文，所引书籍标注为《西游记》。文中"玉帝差魏征斩龙"这句话和上下文明显不衔接，推断这句当和话本那样，是原来就有的小标题；斩龙后有"正唤作魏征梦斩泾河龙"的句子，"正唤作"三字是宋元话本中常见的用语。故事全文有一千二百多字，故事情节已和《西游记》百回本中第九回"袁守诚妙算无私曲，老龙王拙计犯天条"和第十回"二将军宫门镇鬼，唐太宗地府还魂"的内容相类似，但半文半白的话本特点与百回本《西游记》还是有明显区别的。这说明取经话本以后到百回本出现之前的确已产生过渡性的《西游记》小说类作品，它们应当出现在《永乐大典》之前，元朝中后期或明朝初期。

近年西游研究者们从朝鲜的《朴通事谚解》里发现了新的线索。

《朴通事谚解》是古代朝鲜发行的汉语教材。目前可推测它最早可能成书于元顺帝至正七年（1347年）之后，其中所引中国书的内容都是元人所作，那么《朴通事谚解》中引用的《西游记》的相关内容也应是元代后期，最晚也当是明朝初年的作品，和《永乐大典》引用的

《西游记》应当出处相同。《朴通事谚解》文本中多处提到《西游记》，如一处说"'我两个部前买文书去来''买甚么文书去？买……《唐三藏西游记》去''买时买"四书六经"也好，既读孔圣之书，必达周公之理。要怎么那一等平话'"。可见这部《西游记》在当时已颇为流行。文本中还提到车迟国的故事，这是百回本《西游记》第四十六回车迟国斗法除虎力、鹿力、羊力三国师故事的话本原型。另外，文本中还有多条关于《西游记》的小注。有的注观音动员唐僧去西天取经。有的注孙悟空大圣闹天宫被二郎神抓住后压入花果山石缝，唐僧西行时把他救出，收他为徒，赐法名吾空，号孙行者，与沙和尚及黑猪精朱八戒一同随唐僧取经，一路斩妖除魔，救师脱难。唐僧到西天，受经三藏东还，唐僧受封旃檀佛如来，孙悟空受封大力王菩萨，朱八戒受封香华会上净坛使者。还有的注西行路上的磨难……①所有这些，都证明这里提到的《西游记》小说在内容上已经很接近后来的百回本了，百回本只是以它为底本调整充实加工再创作完成的。

总之，梳理《西游记》的成书阶段，我们发现，百回本《西游记》以史籍（如《大唐西域记》《大慈恩寺三藏法师传》）、话本《大唐三藏取经诗话》、《西游记杂剧》、《西游记平话》（《永乐大典》残文等）和明百回本小说五大阶段为基础，并多有学者做相应增减。

（二）百回本《西游记》的发展过程

明万历二十年（1592年），金陵世德堂《新刻出像官板大字西游记》（简称"世德堂本""世本"）百回本小说正式问世。由于受到历代读者的广泛欢迎，书市竞相翻刻，形成复杂的版本系统。

---

① 这部分主要参考潘建国《〈朴通事谚解〉及其所引〈西游记〉新探》，《岭南学报》，2016年第3期。

随着各种版本的《西游记》相继出现，其各种关系交织缠夹，如全本与简本之间的关系、原本与笺评版本的关系、世本与祖本的关系、明朝版本与清朝版本的关系等。它们或错综交杂，或相连相续，让人一时间毫无头绪。郑振铎先生关注此状况，潜心治学，追根溯源，终于梳理清各种版本刊刻的时间顺序和内部的逻辑线索，全面列定了《西游记》明清两代各种版本的演变轨迹。① 现据郑振铎《西游记的演化》转录其版本系统如下：

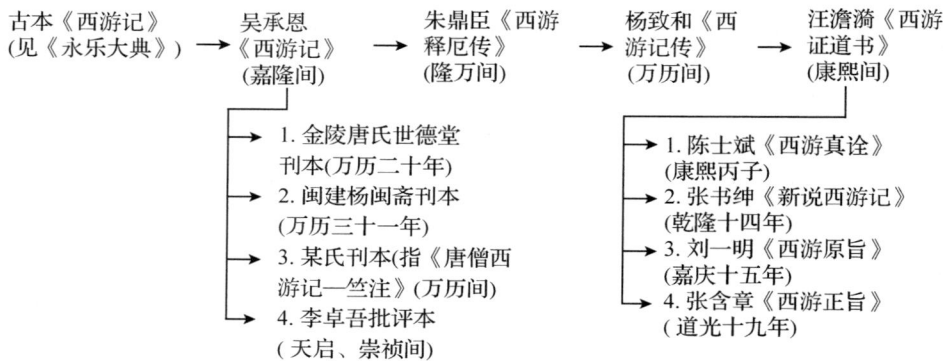

图1 《西游记》版本系统②

如上显示，《西游记》的母本是《永乐大典》抄本，吴承恩本是现存百回本的最早版本。从万历至崇祯年间，先后产生了吴承恩版的四种明代版本的翻刻本。同时，还出现了朱鼎臣的《西游释厄传》和杨致和的《西游记传》两种明代简本。之后是清朝初年汪澹漪的笺评本《西游证道书》，后人以此为母本，衍生出四种清代刻笺评本。其中，《新说西游记》是按照李卓吾批评本，并参照汪澹漪版本翻刻的。这样统计出明清两代共有《西游记》版本12种。将当时可见的所有版本罗列出

① 这部分主要参考竺洪波《四百年〈西游记〉学术史》，华东师范大学2005年博士论文。
② 同上。

来形成如此详细的"明细表",在《西游记》学术研究史上,这是第一次。从整体上将《西游记》文本演化的轨迹呈现得一目了然,基本解决了《西游记》研究中版本错杂无序、混沌不清的难题。①

今天我们推荐阅读的百回本《西游记》(人民文学出版社)就是以世本为底本整理,并参考了当时(1955 年出版前)所能见到的六种清代版本重新整理、校注、出版的。

二、人民文学出版社《西游记》
——流传广、权威和极具影响力的《西游记》版本

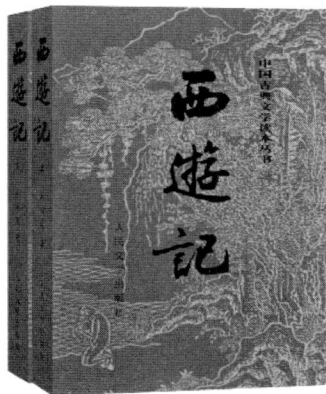

图 2　人民文学出版社《西游记》书影

"四大名著"在中国尽人皆知,但是最开始并没有"四大名著"一说。较早时,民间流传着"四大奇书"的说法,这"四大奇书"分别为《三国演义》《水浒传》《西游记》《金瓶梅》。20 世纪 50 年代前后,学界

---

① 这部分主要参考竺洪波《四百年〈西游记〉学术史》,华东师范大学 2005 年博士论文。

逐渐认可《红楼梦》《三国演义》《水浒传》《西游记》为最有成就的明清长篇小说。人民文学出版社将这四部书整理并且出版，而后又不断地加以修订和再版。这四部经典经过了学界的盖章，再加以书本形式的广泛传播，在人们的意识里，便慢慢形成了"四大名著"的说法。这四部作品在推行之下，变得家喻户晓。

中华人民共和国成立后，百废待兴，社会各界都在准备复苏与重生。人民在精神生活上也有了更高的需求，国家为了顺应社会的变化，提高人民的文化程度，从书本入手，从中国传统文化中汲取精髓，做出了出版经典书籍的决定。自此，人民文学出版社接受了这一使命，联合各大资深专家与编辑，着手整理出版"四大名著"。从标点到注释，校对细致，顾全细节。在各大编辑兢兢业业的努力下，新版"四大名著"问世，书籍内容更加全面，而且没有什么错误，读者阅读起来更加舒畅，体验良好，可以充分领略中国古典小说的艺术魅力。

"四大名著"的出版并不是一次性的，为了保证书籍的品质，人民文学出版社并没有直接出版，而是先以其副牌作家出版社的名义试着出版了第一版。这一尝试很快就获得了成功，这四部经典得到了人们的高度认可，而后人民文学出版社便开始正式大规模出版发行了。在1952年到1954年，人民文学出版社先后整理出版了《三国演义》《水浒传》《西游记》和《红楼梦》，"四大名著"就成了约定俗成的说法。这四部书本身就代表着中国古典白话小说的最高成就，并且各有内涵与价值。"四大名著"皆为长篇章回体小说，《三国演义》以三国时期的历史为背景，写了魏、蜀、吴三国之间的政治和军事斗争，并且塑造了一系列各有本事、性格鲜明的英雄人物。《水浒传》以北宋末年的起义为母体，叙写了一百零八将的传奇故事。《西游记》则是神魔小说的鼻祖，以宏大的想象闻名，塑造了千奇百怪的妖魔形象。《红楼梦》更是被誉为古代社会的百科全书，"大旨谈情，实录其事"，以爱情为主线，串联起了四大封建家族，从四大家族由兴盛走向衰落的过程折射出当时社会的现实。这四部小说之所以成为经典，成为"四大名著"，不仅因为它们的故事情节精彩丰富，写作技艺十分高超，还因为其中蕴含着深刻的思想，代表着中国古典艺术的最高水平。

"四大名著"除了《红楼梦》是由个体创作外，其他三部都是"世代累积"型作品。《西游记》的版本也经过了很多次复杂的演变。明万历二十年（1592 年），问世的是金陵世德堂《新刻出像官板大字西游记》，而后出现了《李卓吾先生批评西游记》的版本。中华人民共和国成立之前，流行的是清代众多评注版及民国初年的石印版，有汪澹漪《西游证道书》、陈士斌《西游真诠》、张书绅《新说西游记》等，明代早期的版本则淡出了人们的视野。但是这些清代的版本错误甚多，评点的思想也十分混乱，提倡劝学、谈禅、证道等各种学说。这些批评者都根据自己的主观意愿对《西游记》进行随意注解甚至篡改。这些现象在当时就引起了学界强烈的不满。20 世纪 20 年代，胡适主持重版了《西游记》，也就是上海亚东版，他把那些荒诞的学说一并除去，将八股学者们死板的批评也删去，用合乎文法的形式来对其内容进行整理和分段，并且加上新式标点。这一版本让人耳目一新，很快就在社会流行开来。然而由于世本等明代刊本在当时已经消失，胡适所考据的资料非常有限，主要也还只能以清本为主，所以胡适的版本也未能从根本上改变清代版本充斥世间的局面。

自此，人民文学出版社主张改变这样混乱的局面，耗费了巨大的力量对《西游记》文本进行重新整理与校对，以规范的文本形式进行书写，并且矫正了之前繁杂无意义的思想体系，以全新的面貌展现经典，满足新时期人民的阅读需求。人民文学出版社新式排印版的《西游记》一经出版就受到了全国人民的欢迎，在短时间内就被抢购一空。有很多没有购买到的人甚至还直接打电话到出版社，希望出版社能够加印。看到再版的《西游记》如此受欢迎，其他出版社也都陆续购版印刷。人民文学出版社出版的《西游记》（以下简称"人文本《西游记》"）成为六十多年来极具权威和影响力的《西游记》版本。人文本《西游记》以世本为底本，并且将当时能见到的六种清代版本作为参考，弥补了世本的缺漏和不足。现在所通行的《西游记》，就是人民文学出版社于1955年初版，1980年再次校订的版本。此后直到今天，1980年版的《西游记》由作家出版社和人民文学出版社多次再版，影响巨大，国内绝大部分普通读者对《西游记》的认识即源于此。

人文本《西游记》的成功得益于党和政府的支持，因为中华人民共和国成立之初，国家高度重视文化建设，希望提高全国人民的文化素养。人民文学出版社在政府的支持之下，广纳人才，广聘专家。人文本《西游记》最后由黄肃秋、陈新、吴晓铃、季镇淮、魏建功、路工、王思宇等当代文史大家整理、校注。1955年《西游记》首版，一直到2010年第三版，经历了半个多世纪的时间，一批又一批的研究者呕尽心血，严谨治学，终于成就了这样一部大作。此外，人文本《西游记》的成功还有一个不容忽视的因素，那就是台北故宫博物院所藏金陵世德堂《新刻出像官板大字西游记》胶卷的回归。这一版本是现存最早的《西游记》百回本，也是公认最接近吴承恩原著的一版。这一版本清初已经宣告佚失，幸运的是，古典文学研究专家孙楷第于1931年在日本村口书店发现了这一版本，并且次年由北平图书馆重金购回，现藏于台北故宫博物院。人民文学出版社和学界对世本的肯定提高了世本的地位，也使得世本的价值被充分挖掘。人民文学出版社的专家学者们集思广益，精益求精，使得人文本《西游记》在文字水平上达到了很高的程度。如今市面上存在的各种版本的《西游记》基本都是在人文本的基础上再整理出来的。人民文学出版社对于《西游记》在当今时代的传播做出了巨大的贡献。

人民文学出版社"四大名著"的出版过程为我国古典文学的整理出版工作做了良好的示范。据不完全统计，我国现在有各种版本的"四大名著"千余种，其中人民文学出版社的印次最多，印量最大，流传也最为广泛。

随着时代的发展，人民受教育程度的提高，人们的阅读、审美品位也在不断提高。2017 年，人民文学出版社在原有成功的基础上再次创新，推出了"四大名著珍藏版"，受到了众多《西游记》读者和收藏爱好者的极大关注。在新的珍藏本中，专家们又增加了更多注解，读者阅读起来更加方便。其中《西游记》注释 727 条，对涉及的典章制度、典故以及术语和费解的词语，都详细地做了注解；对小说中的诗、词、曲、赋、谜语、酒令等，还做了整体串讲；对《西游记》中存在的争议做了详尽的说明，并将多方的意见都呈现出来，供读者参考。有了这样丰富而又完整的注解，读者阅读经典的体验也更为良好。另外，本次发行的版本还增加了 20 幅著名画家的插图作品，图随文走，放在相应的章回；增加了一些新内容——实用图表。"四大名著"皆为长篇章回体小说，字数繁多，结构复杂，人物形象也纷繁复杂。如果仅略读一遍，并不能清晰地把握其中的故事情节和人物形象。为此，用心的编辑们在仔细通读研究每部名著之后，还编制了 6 幅内容结构的线索图表，化繁为简，将书中的线索和人物直观清晰地呈现在读者的面前，使读者阅读起来一目了然，印象深刻。

2019 年，人民文学出版社由周绚隆同志牵头，邀请河南大学曹炳建教授参与，对第三版《西游记》全书文字进行了彻底核校，并增补了数百条注释。曹炳建教授对正文做了初步核校，并撰写了拟增补的注释初稿，周绚隆同志对其斟酌取舍，经过仔细比勘和修改，形成了定稿，2020 年出版，是人文本第四版。

时代在发展，人们对《西游记》等名著的相关材料的研究也在不断推进，考古等不同学科领域的新发现也将会对古典名著内容上的一些疑点提供新的证据。人文本《西游记》也将不断推陈出新，为广大读者呈现更精彩的西游故事。

三、人民版《西游记》及《西游记》版本的未来发展

（一）人民版《西游记》出版始末

人文本《西游记》于 1955 年初版，1980 年、2009 年再版，多次复校重印，汇集了数代《西游记》研究者的智慧和心血，在版本整理和文字校勘、注释方面达到了很高的水平，是六十多年来极具权威和影响力的版本。后来多家出版社发行的《西游记》也大多照搬人文本，同样备受读者喜爱。①

但由于早期人民文学出版社开展的勘校工作缺乏足够的版本文献和精密的仪器设备去参阅各种版本，加之校勘专家们不可能对很多方言俚语都把握得精准到位，人文本《西游记》中难免存在讹误。随着《西游记》研究的深入，特别是一些稀见版本的渐次刊布，人文本的诸多疏失、讹误也日益显露出来。

《西游记》的成书背景与江苏连云港有关，以李洪甫为代表的连云港地方学者依据长期的考证研究，在《西游记》版本整理、校勘方面的成果，引起了社会关注。全国哲学社会科学规划于 2009 年将"人文本《西游记》勘误"正式立项，并提出"重新校点、整理新的《西游记》版本""提供最完善最权威的版本"的要求。人民文学出版社随即根据"人文本《西游记》勘误"的研究成果，组织专家反复审议，认可并采纳了各类勘误及校记 3 100 余条，于 2010 年 5 月出版了人文本新版《西游记》。

---

① 这部分主要参考竺洪波《〈西游记〉当代通行本的递嬗——以人民出版社新版〈西游记整理校注本〉为中心》，《文学与文化》，2015 年第 4 期。

其时，"人文本《西游记》勘误"对人文本《西游记》提出的各类勘误并出校记共 5368 条，人文本第三版的版本形式也没有达到项目组的预期。于是，以李洪甫为代表的连云港地方学者们在国家哲学社会科学基金的资助下，历经数年，在人民文学出版社版本基础上追根溯源，择善而从，勘误纠错11000余条，重新校勘完成了《最新整理校注本西游记》(以下简称"人民版《西游记》")并由人民出版社于 2013 年10 月出版，这是近年来国内外研究《西游记》颇具影响力的版本。人民出版社同时出版了《西游记整理校注本》和《最新整理校注本西游记》，附有校记的学术版为《西游记整理校注本》，普及版为《最新整理校注本西游记》。

人民版《西游记》有如下特色：全面采纳国家社科项目"人文本《西游记》勘误"的成果，所出"校记"从人文本第三版的 3100 余条增至 8356 条，全书各类文字总计 1006 千字，文字量为现存各版《西游记》之最；增加多种新发现的明清《西游记》版本作为底本——世本——之外的参验本，在具体文字校勘中，按照其版本史上的价值程度，顺序逐级"择善而从"；删去清初汪澹漪增插"唐僧出世"故事，改择明代简本朱鼎臣《西游释厄传》(朱本)相关文字，以"补录"替代"附录"，回目也相应由"陈光蕊赴任逢灾　江流僧复仇报本"改为"唐太宗诏开南省　殷丞相为婿报仇"，目的是恢复明本原貌；全书目录依世本排出，题"世本目录：新刻出像官板大字《西游记》目录及校记"，正文 20 卷 100 回按宋儒邵雍《清夜吟》诗"月到天心处，风来水面时。一般清意味，料得少人知"二十字排列，分别题"月字卷之一""到字卷之二"等，依次类推至"知字卷之二十"终。①

从以上罗列可看出，新版特色可概括为：对人文本勘误力度增

① 这部分主要参考竺洪波《〈西游记〉当代通行本的递嬗——以人民出版社新版〈西游记整理校注本〉为中心》，《文学与文化》，2015 年第 4 期。

强，尽量恢复明版世本及朱本的原貌，具有显著的"复古"倾向，"校注"尽可能撷取当今学界的新思维新成果。可以说，已显现出与人文本不同的版本形态，从而构成两大并行的《西游记》通行本版本系统。①

对部分事实性疏忽的勘误，恢复了事实的本真；对文化信息、方言讹误的勘误，还原了文化精髓及语言地域特点；对阅读难点的注释，增强了读者对《西游记》的理解；另外，《最新整理校注本西游记》进行的认真的勘误和注释，为《西游记》英译提供了良好的条件。有了这些针对性的改进，重新解读和英译过程会比较容易摆脱很多不必要的文化羁绊和纠葛，不仅开展的进度会大大加快，文化存真的比例也将明显提升，从而促进世人对这部古典巨著实现跨时空、跨文化的视界融合。弘扬东方文化并使之与西方文化得以进行平等的对话，是符合当前全球化文化交流的客观需要的。

(二)《西游记》版本的未来发展

《西游记》人民版与人文本相比具有诸多显著的变化，传承与改革创新并重、在"复古"中实现创新的学术理念也得到了学术界的高度认可，但依然不能说新版已经十全十美，对《西游记》的校注也不可能一蹴而就。事实上，新版中也仍然存在一些值得推敲的地方。但从人文本到人民版，《西游记》当代通行本格局发生了明显的变化，开始打破人文本长期以来在广大读者心中形成的、固定的、权威的印象，从此进入了人文本与人民版版本系统并存和竞争的新阶段。

首先是对《西游记》故事版本演化的贡献：提供新的当代《西游记》

---

① 这部分主要参考竺洪波《〈西游记〉当代通行本的递嬗——以人民出版社新版〈西游记整理校注本〉为中心》，《文学与文化》，2015 年第 4 期。

善本。人民版对人文本做了全面勘误，使现代《西游记》通行本日趋完善，学者和读者对《西游记》经典文本都有了更自由的选择。

其次是《西游记》学术层面的价值：新版本的出现必将推动《西游记》当代经典化新进程。经典的生成是一个开放、动态的过程。有新的作品渐渐为人们所认可，继而进入经典的行列，也将有不少既往作品被淘汰，淡出人们的视野。明代世德堂本问世，标志着文学经典《西游记》的诞生，《西游证道书》《西游真诠》《新说西游记》等各家版本在清代不断涌现，说明《西游记》经典化在持续进行并达到新的高度。五四时期，新文化大师鲁迅、胡适以锐意进取的精神，以现代观念和方法研究《西游记》，进一步巩固了其经典化成果，使其紧跟时代的潮流，《西游记》从此登上现代学术舞台。《西游记》经典化的历程与规律为文艺学领域做出了特殊贡献。现通行本人文本《西游记》正是这一经典化成果在过往时代的集中体现，作为古典文化精品，《西游记》依然需要激活、更新、与时俱进，否则就会有背离时代，与大众渐行渐远，直至被历史的尘埃存封，跌出经典之列的危险。①

通过对明清时期多种《西游记》版本的梳理，对中华人民共和国首套《西游记》的出版和改版情况的回顾，再结合现代《西游记》研究现状，我们有理由对将来《西游记》的出版进行展望。

《西游记》整合版出版展望。《西游记》整合版（含 1955 年版和1980 年版）的具体内容既不完全同于明刊本《西游记》，也不完全同于清刊本《西游记》，而是综合了明清各种版本的"优点"，这种整合的目的就是满足普通读者的阅读需要。事实上，这一问题在 1980 年人民文学出版社对 1954 年作家出版社版《西游记》进行改版时已考虑到：1980 年版《西游记》中，明刊百回本《西游记》中本来没有的"唐僧出

---

① 这部分主要参考竺洪波《〈西游记〉当代通行本的递嬗——以人民出版社新版〈西游记整理校注本〉为中心》，《文学与文化》，2015 年第 4 期。

世"故事，被从正式回目中剔除，变为附录排在第八回之后。这与现代学术界的研究成果相符合：现代学者普遍认为，"唐僧出世"故事在百回本《西游记》原著中本来没有，是清代《西游证道书》的作者汪象旭（汪澹漪）、黄周星根据自己的需要强加的，尽管这个故事的加入客观上能使《西游记》故事显得更为完整，但确实与原著不符。[①] 然而几十年的出版销量证明，人民文学出版社（作家出版社）的整合与出版是成功的，以后这样的出版可能仍将持续。

《西游记》明清版本出版展望。1985 年以前，一般学者和读者都很难了解《西游记》明清各版本的原貌，因为这些版本多以刻本线装书或摄影胶卷的形式，珍藏于少数图书馆或私人手中。1985 年随着台湾天一出版社"明清善本小说丛刊"的推出，部分明清版本才以影印本的形式正式出版，但发行量相当有限，后来虽然 1991 年上海古籍出版社也曾推出类似的出版物，但发行量仍然非常小。对今后几种《西游记》明清版本的出版有以下几点展望：第一，这几种《西游记》明清版本影印本还有很大的再版空间，因为以后从事古代小说研究的人会越来越多，对《西游记》明清版本影印本的需求将越来越大，而原来台湾天一出版社和上海古籍出版社出版的成果早已不能满足学者们的需要。第二，除《西游证道书》和《李卓吾先生批评西游记》有点校本出版，其余包括《新刻出像官板大字西游记》在内的几种版本都还没有严格意义上的点校本出版。中华书局 1993 年出版的黄永年、黄寿成点校本《西游证道书》曾发行 3 000 册，后因供不应求，1998 年至 2005 年多次再版重印，其中仅 2001 年就发行了 14000 册。可以预计，如果更多版本也推出高质量的点校本，也将会像《西游证道书》的点校本那样广受欢迎。第三，《西游记》明清各版本中，《西游

---

① 这部分主要参考张莹《〈西游记〉的"前世今生"——新中国版首套〈西游记〉及其源头版本的出版史述评》，《图书馆学研究》，2015 年第 13 期。

记评注》的出版（包括影印本和点校本）尤其值得期待，因为迄今为止，这部书只有木刻本线装书，藏于国家图书馆、上海图书馆等极少数图书馆，是上述所有明清《西游记》版本中唯一没有被正式出版过的，它的影印本和点校本是许多研究者非常渴望得到的珍贵资料。[①] 未来可期！

李天飞先生校注整理的中华书局版《西游记》于2014年初版，由于广受好评，出版后立即宣告售罄，以后几乎每年都有重印，其作为当代《西游记》通行本的价值和特征正在不断显现出来。

一代代专家学者们对《西游记》不断进行勘误、校注、整理，我们在这条"取经之路"上同样异彩纷呈，收获颇丰。

四、《西游记》的作者究竟是谁？

关于《西游记》的作者，现代人均以为是明朝的吴承恩，各种教科书及文学辞典也多标注为吴承恩。但是现在流行的百回本《西游记》的作者，不一定是吴承恩。至于作者究竟是谁，学术界几百年来可谓争论不休，至今没有定论。

古典小说，与今天的小说不同，它们往往经历了很长的时间和很多人之手，主要作者很难说清。越是名著越是如此。从唐僧取经的故事到百回本《西游记》形成，近千年的成书历程，考证百回本的作者确实不易。

百回本《西游记》最初版本只署"华阳洞天主人校"，现在我们也无

[①] 这部分主要参考张莹《〈西游记〉的"前世今生"——新中国版首套〈西游记〉及其源头版本的出版史述评》，《图书馆学研究》，2015年第13期。

法考证这个"华阳洞天主人"到底是谁，也不知道他只是做了校注，还是写定者。那时文人和书商合作，或者书商本身就是文人。所以很难说一本书究竟是什么人写的。我们仔细阅读，就会发现《西游记》里有许多情节前后连贯程度不够，就是这个原因。①

百回本《西游记》一定经过了全真道教徒的加工，里面修炼内丹的内容很多。所以，一直有个说法，说《西游记》是全真七子之一的丘处机写的。事实上，丘处机确实有一本《西游记》，但名字不同，叫《长春真人西游记》。这个故事在《射雕英雄传》里有。丘处机从中原出发，跑到西域去见成吉思汗，劝说其不要滥杀无辜。这个故事有一定的传奇色彩，而后，丘真人的弟子李志常，就把这段经历写成了书，叫《长春真人西游记》。这本书写成后，似乎在社会上流传不广。但是丘处机太有名了，于是人们纷纷认为，此《西游记》就是彼《西游记》。但我们可以确定，今天的百回本《西游记》不是丘处机写的。因为这里面出现了一些明代才有的东西，比如锦衣卫。这些名词，是不可能出现在元代的。②

那《西游记》的作者又会是谁呢？约是乾隆年间，有人在《淮安府志》里发现了一条证据，吴承恩：《射阳集》四册卷、《春秋列传序》、《西游记》。虽然是一条孤证，但很多人相信了。鲁迅、胡适等学者也都采纳了这个看法。经他们宣讲，吴承恩是百回本《西游记》作者的事，渐渐被大众认可。1949 年后出版的《西游记》，都遵从鲁迅和胡适的结论。③

但这也很可能是本重名书。人经常有重名的，"吴承恩"这个名字，历史上就有很多。书的名字也一样，都可能出现重名。一说

---

① 这部分主要参考李云天《〈西游记〉的作者究竟是谁？》，《工人日报》，2019 年 1 月 28 日。

② 同上。

③ 同上。

《变形记》，大家都会想到的是卡夫卡的小说，但其实更早的古罗马的作家奥维德有本名著也叫《变形记》；中国也不例外，我们在网上搜索一下《醉翁谈录》，就会发现两本书，现代叶大春的《醉翁谈录》，以及宋朝罗烨的《醉翁谈录》。单凭《淮安府志》记录了吴承恩的《西游记》，就予以确认，也并不能说就是确凿。①

所以综合来看，现在的百回本《西游记》应是经很多人之手才形成的，吴承恩应不是唯一作者。但具体他在百回本《西游记》中有多少贡献，我们无从考证，所以我们在此也就遵循现在的结论，暂时先确定吴承恩是现有百回本《西游记》的作者。再经过时间的洗礼和更多人的研究后，《西游记》的作者之谜可能还会有所变化，也让我们对这个问题保留一些神秘感吧！

---

① 这部分主要参考李云天《〈西游记〉的作者究竟是谁？》，《工人日报》，2019年1月28日。

第二节

文学价值

　　《西游记》作为中国古代第一部浪漫主义章回体长篇神魔小说，其文学价值自不待言。作者吴承恩运用奇特的想象，构造了一个涵盖天上、人间与地下浑然一体的虚拟世界。在《西游记》的开篇，主要人物孙悟空就将这三界串联了起来。作者用浪漫主义的笔法描述了孙悟空从石缝中出生，去灵台方寸山拜师学艺，然后在水下龙宫中获得金箍棒，再去往冥界销毁生死簿，后大闹天宫并返回花果山的过程，将世间三界的面貌展现在人们眼前。孙悟空的活动空间是虚幻的，连同他的行为时间也是缥缈的。从艺术上来说，无限延长的时间，充满了可阐释的空间。从空间上审视，天地混沌到天地有序，也与现实产生巨大的差异。在这个神奇瑰丽的世界中，人、神、魔、鬼共存，各类稀世珍宝比比皆是。唐僧师徒四人去西天取经是这部小说的主体，同时也让共存的几大"世界"有了密切的交集。其中的"非人类"也是以神魔妖怪为感性符号而建构的人类形象，而这一个个妖魔形象构成了一系列妙趣横生而又经久不衰的神话故事。通过对孙悟空一路降妖除魔、帮助凡人的描写，小说还成功塑造了孙悟空这个超凡入圣的理想化的英雄形象。如此丰富、大胆的想象，在古今小说作品中是罕见的。

　　无穷的想象是《西游记》的标签，而《西游记》的独特不仅在于想象，还在于它的叙事结构、行文语言以及生发出的无限趣味。

一、圆形的叙事结构

《西游记》是典型的章回体小说，分回标目，首尾完整。《西游记》与其他章回体小说叙事的不同之处也即它的巧妙之处，就在于它圆形的叙事结构。

宏观来看，孙悟空、猪八戒、沙和尚以及白龙马四位徒弟的取经之路就是一个从神仙到经受磨难来赎罪之人再成神仙的过程。这是一个大的圆环。孙悟空自诞生以来本是神猴，又被天庭封为"齐天大圣"，然而他叛逆骄纵，打破天条，大闹天宫，终被压在五指山下。得救后，他需要保护唐僧西天取经，需要经历磨难，克服磨难，需要承受紧箍咒的痛苦。这段漫长的道路就是让他退野性、定心性的过程。成功到达西天后，他得以"归正"，最终修成正果。又由于惩恶扬善，他获得了"斗战胜佛"的称号。

其实，换个角度看，孙悟空的个人经历是一个从自由到不自由再到自由的过程。孙悟空本是一个"天然"的"人"，他从石头缝里蹦出来，无父无母，没有任何的社会关系，在自己的天地无拘无束。随着他向菩提祖师学艺成功，去地府勾销生死簿，他突破了时间与空间对他的限制，更加自由自在。当他在极度自由、毫无束缚的时候，便会向比自己更高级的人挑战，想要获得绝对的自由。然而，他的追求让他站在了规则的对立面，受到了规则的惩罚。他失败之后，被压在五指山下，彻底失去了自由。而后被唐僧救起，又在紧箍咒和社会规则的束缚下不自由地前行。但是，当他内心对佛法产生了真正认同，将外在的规则与自我约束融为一体时，他又重新获得了自由。

猪八戒本是天庭的天蓬元帅，却因在蟠桃会上喝酒调戏嫦娥被贬下凡，投错了胎，成为猪的模样。保护唐僧西天取经也是观音指点，让他将功折罪，以求正果。他跟随唐僧一路也历经了磨难，并且帮助孙悟空降妖除魔，加之挑担有功，最终成为"净坛使者"。

沙和尚本是卷帘大将，因在蟠桃盛会上不小心打破了琉璃盏而被贬下凡，成了流沙河的妖怪，吃人造孽。而后也由观音点化让他将功赎罪。一路上他勤恳守护唐僧，登山牵马，最终功德圆满，被如来佛祖封为"金身罗汉"。

白龙马本是西海龙王之子，因违逆父命，犯了不孝之罪。他也需要经历磨难来洗去背负的罪过。最后，他因驮负唐僧有功，被封为"八部天龙马"。

以上四个徒弟的经历构成了《西游记》完整的闭环。从微观来看，《西游记》的小故事又构成了一个又一个的小圆环。取经之路上经历的九九八十一难几乎都是遇上妖怪，经历一番斗争，最后有惊无险，唐僧被救出来这样的模式。各部分故事独立，形成闭环结构。但是这并非分离的环形，而是有相交或相切的关系。

二、相互背离的语言

《西游记》能成为流传甚广的神魔小说，跟它独具特色的语言是分不开的。纵观整部小说会发现，小说的语言可以分为完全割裂开来的两个体系。一个是通俗幽默的叙事与对话，另一个是文雅娟秀的环境描写。二者几乎同存于每一章节，形成了强烈的张力。

从小说的叙事语言来看，起承转合自然，平铺直叙，直白畅通。有时加以外貌、动作、神态的描写，颇为诙谐。写孙悟空与妖怪之间的交手也是生动活泼，精彩十足。小说中的人物对话更是以"白"为主，这就在于其中渗透了大量来自民间的语言，也汲取了不少民间文化。民间口语重在以通俗轻松的方式传递信息或道理，不似官方语言那样典雅庄重。作者善于运用这种特色，将广大人民群众的智慧凝结其中，创造了一系列幽默诙谐、令人发笑的对话，读来让人忍俊不禁。这些特色鲜明的语言也使得作品中的各类形象更加突出。

然而，与叙事和对话语言不同的是，《西游记》中的环境描写都十分文雅娟秀，辞藻华丽。文中的环境描写多着墨于山水。而其风格也似南北朝时期的骈文一般，对仗工整，声律和谐，用字绮丽。若将众多环境描写拼接在一起，会发现这些环境描写大同小异，都是对山水之声色之形貌的极致描绘，画面感强。究其文字，程式化痕迹明显。在《李卓吾批评本西游记》第一回的"花果山赋"中，旁批云："凡《西游》诗赋，只要好听，原为只说而设，若以文理求之，则腐矣。"①李卓吾认为此类环境描写的韵文：第一，只为说唱而设，目的是吸引观众；第二，不合文理，和小说的内容没有很大关系；第三，没有研究价值。一直到现在，这一观点在学界仍然有很大的影响。然而仔细品读《西游记》中的环境描写会发现，虽然文字描绘上趋向相同，但它传递了浓厚的中国传统文化的气息。《西游记》中对山水的描写极其突出其壮美，其数量之多，文字之绝也是在众多小说中独有的。《西游记》中的山水，展示的是东方文化的宁静与和谐，是蕴含深厚文化底蕴的。

三、游戏笔墨下的趣味

《西游记》的艺术魅力，除了奇特想象，还有无限趣味。虽然取经之路艰难，尽是险山恶水与妖魔鬼怪，其间充满了打斗与波折，但总

---

① 吴承恩著，李卓吾批评《李卓吾批评本西游记》，岳麓书社 2006 年第 1 版，第 2 页。

体来说，读者的阅读感受却是轻松愉悦的，不会充满紧张感与凝重感。

《西游记》的奇趣，大都与人物形象有关。在这个神话般的世界中，各路稀奇的妖怪，他们的容貌、动作令人发笑。这些妖怪基本都是由动植物幻化而成的，世间一切生灵皆能成精。而且他们所用的法宝、武器都穷尽变化，各显神通。有的是没有见过的奇珍异宝，有的则是生活中常见的劳动工具，如猪八戒的"九齿钉钯"。

人物形象的奇趣不仅在于他们的外貌，还在于他们的性格。如孙悟空豪爽乐观，猪八戒滑稽憨厚，等等，这些性格鲜明的人物形象深入人心。而人物性格常常通过充满谐趣的对话得以充分的体现。在人物描写上，作者将神性、人性与自然性很好地结合起来，因此产生了出人意料的趣味。胡适曾写道："这部《西游记》至多不过是一部很有趣味的滑稽小说，神话小说；他并没有什么微妙的意思，他至多不过有一点爱骂人的玩世主义。"①鲁迅则写道："此书则实出于游戏，亦非语道……故末回至有荒唐无稽之经目……"②在此二人看来，《西游记》主题中的宗教与神话都只是作者的手段，其中的趣味性和游戏性才是创作的根本原因，不管二人的评论是否得到众人的认可，但二人都承认《西游记》是存在趣味性的。以游戏之笔博得读者的喜欢，以诙谐的艺术风格给人带来愉悦的审美感受，这正是《西游记》作者的能力所在。

讽刺也是《西游记》趣味性的重要构成部分。鲁迅指出，吴承恩"讽刺揶揄则取当时世态，加以铺张描写"，"使神魔皆有人情，精魅亦通世故"③。讽刺，就是对社会中存在的有问题的人或不合理的事进行揭露、批评或嘲笑，达到戳中社会痼疾的目的。用鲁迅的话来

---

① 胡适《中国章回小说考证》，北京师范大学出版社 2013 年第 1 版，第 231 页。

② 鲁迅《中国小说史略》，湖南大学出版社 2014 年第 1 版，第 115 页。

③ 鲁迅《中国小说史略》，湖南大学出版社 2014 年第 1 版，第 111、114 页。

说，就是"将那无价值的撕破给人看"。《西游记》中的讽刺内容是丰富多彩的，这不仅集中体现在对唐僧这一本应为高僧形象的刻画上，而且还渗透于对天庭、地府、佛道两教，以及人间国度的描写中，暴露了当时的社会世态，也反映了当时人们的态度。

《西游记》中的讽刺也是以游戏笔墨的形式呈现的。与讽刺小说的刻意不同，《西游记》中的讽刺往往十分自然地镶嵌在某个情节当中，顺势而为，毫不突兀。有时借由人物以打趣的语言说出，轻松自然，细细咀嚼，却是话里有话，十分巧妙。

无论从叙事、语言还是趣味性看，《西游记》都做到了独一无二。它不仅在中国文学史中享有盛名，在世界文学的瑰宝中也应有它的一席之地。《西游记》在神魔类的长篇章回体小说中有着引领性的作用，自《西游记》之后，明代出现了创作神魔小说的高潮。而书中将善意的嘲笑、辛辣的讽刺和严肃的批判巧妙结合的特点也直接影响着讽刺小说的发展。

第三节

成书故事

一、历史上的"唐僧取经"本事

《西游记》这部章回体长篇小说的广泛流传，让唐僧取经的故事变得家喻户晓，无论妇孺，都津津乐道。事实上，《西游记》的故事就是以唐代高僧玄奘西行取经为原型创作而成的。

玄奘，俗姓陈，后人尊称其"唐三藏"，他出生在洛州缑氏，在今天的河南省偃师市。从历史上来看，他的家族世代为官，算是名门望族，但是家族的繁荣止步于其父亲那一代，到他时便已经家道中落了。他从小好学，通晓事理。在二哥的影响下出家为僧，取法号为玄奘，一心诵读佛经，钻研佛法。稍长之后，跟随二哥去往长安和蜀地，又独自游历了全国多地，一路上向名僧学习交流，切磋佛学，收获丰富。

长年的游历与学习使他的佛学修养达到了很高的水平，他已经可以称得上是一位高僧。然而，他不满足于此，钻得越深，问题和苦恼也就越多。在熟悉各类经书后，他发现佛家各派的学说纷杂繁复，还有很多是互相矛盾的。即使他找来相关的经典译本对照，也还有这种问题存在。这些疑惑和苦恼让他产生了要前往佛教圣地天竺求取真正佛法的意愿。在此之前，已经有几位高僧——法显等去往此地，他想追随着他们的脚步，将弘扬佛法、问取真经的事业继承下去。

唐朝初年，玄奘就向朝廷提出要西游去往天竺，但由于当时国家还不稳定，战争还在持续，百姓都被严令禁止出关，玄奘的申请自然就被驳回。然而他并没有放弃，排除万难也要实现自己的这一志愿。

之后，玄奘以"夹杂在流民中"的方式走出国门，他沿着丝绸之路，一路向前。路上遇到了极端环境，比如火焰山、大沙漠、大雪山等，但他都克服并坚持了下来。他的行程按现在的地名来说，是沿新疆的哈密、吐鲁番、阿克苏一线，经过吉尔吉斯斯坦、哈萨克斯坦、乌兹别克斯坦、阿富汗，再向东南，经过巴基斯坦进入北印度。以"非正常"的身份出行，路途必然坎坷。

除了这些自然阻力，还有人为阻力。当他经过今天的新疆哈密时，正好碰到高昌国的使者也在此处，使者就将这一消息向高昌王汇报。高昌王便派遣使者前去迎接玄奘，并以厚礼相待，且数次挽留玄奘，让他在高昌国居住以传播佛法。

面对优渥的待遇，玄奘没有动心。他向高昌王表明自己的心意，任何条件也不能改变他的初衷。他的坚持最后深深地感动了高昌王。因为欣赏玄奘的为人，高昌王与其结为兄弟，并赠予大量钱财，派人护送他继续西行。由于身上有物，身边有人，玄奘此后的情况有所改善。但也不是一帆风顺，仍经历了严苛的气候条件，还遇到了抢劫。经历了长达三年的长途跋涉，玄奘终于到达了目的地。

书中唐僧师徒四人心目中的西天——那烂陀寺，是当时印度佛教文化的中心，世界佛教文化的最高学府。在这里，集中了世界佛教研究的精华。

玄奘进入天竺后，开始寻师问道，态度十分虔诚。那烂陀寺的主持戒贤法师与玄奘一见如故，收玄奘为徒。戒贤法师德高望重，博览群经，是当时印度佛教的著名领袖。玄奘跟从他专心学习佛法。

　　玄奘在那烂陀寺学了五年之久，他天资聪颖，一心钻研，在浓厚的佛学氛围之下，大大提升了自己的佛学造诣，并对大小乘的经、律、论三藏都有很深的修养，《西游记》中的唐三藏就是得名于此。

　　玄奘凭借他渊博的学识，赢得了当时天竺人民的尊敬和爱戴。当地人民都知道，有一位从唐国远道而来的僧人博学多才，卓尔不群。直到现在，玄奘的名字依然存在于印度教科书中。

　　即使玄奘在印度享有很高的声誉，他也没有沉湎于这种功名之中；即使在印度他能够享受优越的物质生活，他也没有贪图这种快乐。因为他身上一直肩负着回国完善佛典、弘扬佛法的责任，他时刻心系中原佛教的发展，在学有所成之时，想的都是要立刻回国将自己的所学贡献在佛教事业上。所以面对诱惑，面对挽留，他不为所动。与之前辞别高昌王一样，他再次辞别了戒贤法师，辞别了与他一同研究佛学的同道，满载着经书、花种和天竺人民的情谊踏上了回国的征途。

　　贞观十九年（645年）春，玄奘经长途跋涉后终于回到了长安，受到了热烈欢迎。当时唐太宗为了东征，已经进驻洛阳，行前他就已经命令宰相房玄龄隆重迎接玄奘归来。彼时，长安城的众多僧侣从寺院出动，带上了幡帐、幢盖、宝案、宝舆等，排列在大路的两侧，迎接玄奘和他带回来的佛经、佛像等。长安城的人民也都走上街头，争相欢迎和瞻仰从天竺佛国归来的高僧。

　　回国之后，玄奘到洛阳拜见了唐太宗，向他详细汇报了这段经历以及一路上的所见所闻，包括途经国家的风俗、历史、文化以及佛教等多方面的情况。这都是《史记》《汉书》中没有记载过的，也是出使西域的张骞、班超所未听闻过的。唐太宗对此极为感兴趣，让玄奘将其一路的亲身见闻和所学所获写作成书，供别人阅读学习。玄奘果然不负众望，口头叙述由其弟子辩机执笔记录下《大唐西域记》12卷。这部书详尽地记录了大唐西北边境至印度一路的风景、风俗、物产、文化和佛迹，直到现在为止，这部书仍然是研究西域和印度各国的珍贵资料。

玄奘归国后，将毕生精力都放在翻译佛经上。当年三月，他向太宗提出要去嵩山少林寺译经的申请，而太宗让他在长安的弘福寺安心译经。于是，玄奘将弘福寺作为自己的主要译经场所，呕尽心血开始自己的译经事业。直到临终前，他仍带病翻译《大宝积经》。他一生孜孜不倦，苦心孤诣，共译出佛经75部，1335卷。他的翻译信、达、雅兼具，在历史上有很高的地位，在佛学界也具有很高的权威。

因为玄奘将弘扬佛学作为自己的信念，所以除了译经，他还讲经，要将自己的所学传授给弟子。由此，译场也逐渐发展成了佛学院。玄奘不仅带领弟子们一起译经，向弟子讲经，还与他们一起讨论佛经来强化他们的佛学理论和思想。在弟子们的眼中，玄奘就是"光照万物的日月"，他们在玄奘那里学习了佛学的知识，得到了译经的锻炼，还深受师父人格的感染，在以后的佛学道路上，也都各有建树。

唐高宗麟德元年（664年）二月五日夜，因长年译经，积劳成疾，玄奘在玉华宫去世。这一噩耗震惊了全长安城的人民，皇帝、僧侣、百姓全体哀悼，怀着悲痛的心情送别这位高僧。

玄奘逝世距今已经一千三百多年了，但是他的事迹、他的精神流传到了现在，还会永远流传下去。他不仅是一位佛教宗师，也是一位伟大的旅行家、学者，还是一位中印文化交流的使者，为中印文化的交流做出了巨大的贡献。他坚持不懈、忠于信仰的精神永远值得铭记。

二、吴承恩与《西游记》

吴承恩，字汝忠，号射阳山人，淮安府山阳（今江苏省淮安市）人。吴承恩出身书香门第，曾祖吴铭做过浙江余姚训导，祖父吴贞做过浙江仁和（今杭州）教谕。父亲吴锐四岁丧父，转而经商，成了一个小商人。

那时候的商人地位不高，出生在这样的家庭，吴承恩为父亲的职业感到屈辱，他自己也是终生不得志。吴承恩从小就极为聪慧。他"髫龄即以文鸣于淮"[①]，"性敏而多慧，博极群书，为诗文下笔立成"[②]。他颇有文才，并深受前辈的赏识。他虽成名在外，但仕途却极为坎坷。年轻时参加科举考试，屡次不中，直到不惑之年才得了个岁贡生。迫于生计，他经过几番努力与折腾，好不容易得到了长兴县丞这一微末的职位，但仅仅一年，因为"耻折腰，遂拂袖而归"。而后又担任了一段时间荆王府的属吏，官职较低。

吴承恩生活的时期，正是明王朝由盛转衰的时候。朝廷内宦官掌权，腐败昏庸，奢靡残暴，在这样的统治下，百姓流离失所，苦不堪言。吴承恩在《赠卫侯章君履任序》中，就真实概括了当时的社会面貌："行伍日凋，科役日增，机械日繁，奸诈之风日竞。"不仅如此，他的很多诗文对当时社会的丑恶现象都有所揭露。

吴承恩在《祭卮山先生文》中说自己一生"迂疏漫浪，不比数于时人"，"泥途困穷，笑骂沓至"。这正是他对自己不同流俗的刚直性格的概括。对社会了解得越深刻，他就越是不满，越是充满抵触和反抗。这种态度都源自他刚正不阿的性格。

吴承恩对稗官野史有浓厚的兴趣。他曾在《禹鼎志序》中说："余幼年即好奇闻。在童子社学时，每偷市野言稗史，惧为父师诃夺，私求隐处读之。比长，好益甚，闻益奇。迨于既壮，旁求曲致，几贮满胸中矣。"当时在民间流传甚广的唐僧西游取经的故事，经过众人的加工与传播，内容已经十分丰富，故事逐渐完整。这些为他创作《西游记》提供了条件。壮志难酬，他转而把自己现实中的愿望搬上了小说

---

① 吴国荣：《射阳先生存稿跋》。

② 《淮安府志·人物志·近代文苑》。

的舞台，在《西游记》中他借孙悟空这一人物，降妖除魔，表达了自己想要斩除官场邪恶之根的强烈意愿。

原本玄奘西游取经的故事充满了浓厚的崇高的佛教气息，而在《西游记》中，由于输入了作者的主观意图，大大增加了现实因素。《西游记》中创作的世界虽是神魔所在的虚拟世界，但处处可见人间社会的影子。取经之路遇见的人事，处处折射出现实世界的黑暗和邪恶，吴承恩也在不经意间加以揭露和嘲讽。众多神仙所居的天宫，表面上一片祥和，但它与人间的王朝类似。最高统治者玉皇大帝昏庸无能，胆小怕事。看似执法森严的地府，也和人间的衙门并无两样，普通之人有冤难申，有苦难说，权贵之人相互勾结，贪赃枉法。凶险的妖魔鬼怪，如恶霸一般，霸占着百姓的地盘和食物，无恶不作，充满了血腥与杀戮。这些神魔虽是异身，但从本质来看，与人并无两样，人性的弱点在他们身上都有体现。除此之外，《西游记》中也写到了途经的人间国度，其更贴近于明朝当时的现实情境，统治者皆是"文也不贤，武也不良，国君也不是有道"①的。吴承恩就这样在小说中将人神各界的丑恶直观地暴露出来，仅仅如此还不够，他还让孙悟空成了正义的化身，降妖除魔，消除这些丑恶。孙悟空身上寄予了吴承恩的理想，也寄予了当时明朝人民的理想——希望扫荡封建社会的种种丑陋之处。孙悟空神通广大，疾恶如仇，不畏强暴，成了人们理想中的英雄。由此，《西游记》不仅是记录西天取经这一神话故事这么简单，它还借天地写人间，借神魔写人事，揭开现实丑陋的面纱，抒发人们心中的忧愤。

然而，遗憾的是，至今没有发现关于吴承恩如何创作《西游记》的记载，即使是他本人，也没有留下痕迹，所以也有学者认为《西游记》的作者另有其人。

---

① 本书引用名著原文出自人民文学出版社《西游记》2020年第4版，没有特别注明，原文引用均出自这一版本。

第四节

跨界阅读

一、各版《西游记》影视剧

作为我国古典四大名著之一，《西游记》在我国文学史上的地位举足轻重，它的故事也在民间经久不衰。从成书以来，它就以各种不同的表现形式流传在艺术的舞台上，使得其中一个又一个精彩的故事从文人墨客的书桌走向了街头巷尾广大群众的普通生活。孙悟空的形象更是妇孺皆知，《西游记》持续散发着它强盛的生命力。

到了现代社会，《西游记》的发展注入了更多新鲜的表现形式，电视、电影使它以画面的形式进入了大众的眼球。作为章回体小说，它的独立故事有很大的改编空间，成就了很多经典影视。《西游记》是四大名著中第一个被搬上电视荧幕的，电视剧版《西游记》开启了我国古典名著改编成电视剧的先河，也是我国拍摄的第一部神话题材电视连续剧。

1986 年版的电视剧《西游记》在中国电视剧改编艺术发展中具有开创性的意义。邹忆青、戴英禄、杨洁等编剧在"忠于原著，慎于翻新"的基础上，把《西游记》改编成 25 集的电视连续剧。该剧相较原著在情节上有增删，人物语言上也有挪用，但在人物性格特质、故事内涵等方面，最大限度地与原著保持了一致。其每一集都是一个独立的小故事，都有自己的主题、特色和风格，但是前后又联合贯通，形成一个完整的大故事。这样处理的优点是，每一集独立成剧，且每一集的风格也不同，比如《计收猪八戒》这集定义为喜剧风格，让人看得捧腹大笑，《三打白骨精》则定义为悲剧，让人看得感慨唏嘘，《夺宝莲花洞》则定义为闹剧，因为金角大王和银角大王本身就是两个小道童化身，所以剧情充满了儿童趣味。这样处理的多种主题风格给观众带来了丰富、有趣的审美体验。1986 年春节时，播出了已制作完成的11 集，轰动全国，获得了极高评价。1988 年 2 月 1 日，该版《西游记》25 集电视剧全部播出。据统计，到 2023 年该电视剧在 30 多年间已播出 3 千余次，如此反复播出而观众依然爱看，堪称电视剧的一个"神话"。

86 版《西游记》电视剧虽然整体情节完整，但西游记中还有许多精彩的故事没有呈现出来。杨洁导演在 1998 年启动拍摄《西游记续集》，即 98 版《西游记》电视连续剧，共 16 集，于 1999 年完成拍摄，2000 年 2 月播出。《西游记续集》讲述了唐僧师徒回转长安，唐僧向唐王叙述了取经途中经历的艰险。此电视剧补充了 86 版《西游记》中缺少的部分，例如广受期待的《真假美猴王》等剧情。续集战斗场面更加华丽，人物形象更加生动，饱满，为《西游记》电视剧画上了圆满的句号。

《西游记》的电视改编之作层出不穷，至今已有 20 多部作品，甚至日本、美国也有改编作品。同时，它还被改编为动画、电影、电子游戏，还有众多的舞台剧、童话故事、网络小说等。由此可以看出《西游记》具有可持续创作的可能性，充满着强大的再生能力。

《西游记》的电影版本，最受关注的莫过于周星驰参与的系列电影——《大话西游》。其实这部电影不过是借用了西游的外壳，叙述了一段刻骨铭心、令人感动的爱情故事，加上周星驰式的喜剧表演方式，使得这部作品成为经典，更成为年轻一代的"心头好"。《大话西游》包括《大话西游之月光宝盒》和《大话西游之仙履奇缘》两部影视作品，以之前少见的无厘头形式展现情节，让人耳目一新。从内容上来说，它与原来《西游记》的故事相去甚远，甚至人物形象特点都是相互背离的。《西游记》中的孙悟空是个没有七情六欲的战斗者形象，而到了《大话西游》中，孙悟空却与不同的女子产生了情感纠葛，与紫霞仙子的一段爱情更是扣人心弦。他不再是那个鲁莽刚硬的"齐天大圣"，而是柔软多情的"至尊宝"。这部影视作品中的经典台词"曾经有一份真诚的爱情放在我面前……"一直都被视为表白中的经典。这种改编虽然在内容上脱离原著，但是在当时确实对《西游记》起到了宣传的作用。

《西游记》动画电影创作同样异彩纷呈。第一部"西游"题材的动画片是《铁扇公主》，是1941年，由著名的万氏兄弟（万籁鸣、万古蟾、万超尘、万涤寰）导演的黑白动画片，也是中国第一部动画长片。该片取材于《西游记》中唐僧师徒四人在取经途中受阻于火焰山时的这段故事。上映后，该片取得了巨大的成功，票房收入甚至超过了同时期上映的其他影片的总和。《西游记》是东方文化中最具想象力，也是最适合以动画的形式进行表达的故事，剧组耗时近两年才完成了这部当时的亚洲第一动画长片。由于本片是在抗日战争时期上映，影片也通过在剧中号召人民大众反抗牛魔王的压迫，间接地鼓励着中华民族勇敢地进行抗争。

动画电影《大闹天宫》也是《西游记》改编的作品中最知名也最成功的作品之一。这部长片取自《西游记》中的前七回。导演万籁鸣与唐澄联合指导，电影分为上下两部，分别于1961年和1964年拍摄完成，第一部上映后即在广大观众中引起轰动。1978年《大闹天宫》完整版才得以登上大银幕。影片色彩明艳，场面宏伟壮丽，人物刻画姿态自由夸张，把孙悟空大胆反抗天威的无畏精神和天宫诸神的飞扬跋扈做了夸大处理，使其形象鲜明，将《西游记》原著中孙悟空的反抗精神展现得淋漓尽致，是对东方浪漫主义神话的杰出刻画。《大闹天宫》不仅在中国获得了巨大的成功，在欧美也产生了巨大的影响，赢得了包括第二十二届伦敦国际电影节最佳影片、葡萄牙菲格腊达福兹国际电影节评委奖在内的诸多海外电影大奖极大地传播了中国文化，扩大了中国文化的影响力。2012年，上海美术电影制片厂、上海电影（集团）有限公司将中国国产动漫《大闹天宫》用3D的形式搬上银幕，这是对这部代表东方文化的《西游记》改编神作的再一次致敬。①

1999年中央电视台出品的动画剧作《西游记》堪称"90后"一代的集体记忆。这部耗资巨大、历时六年、共52集的作品，即使在今天看来，也堪称国产动画剧作中的精品。这个版本的《西游记》动画片是情节最完整的，也是最接近原著的一次编创，它的主题曲《猴哥》与《一个师傅仨徒弟》传唱度很高，人物形象也刻画得较为成功。

《西游记之大圣归来》是根据《西游记》进行拓展和演绎的3D动画电影。影片于2015年7月10日以2D、3D和中国巨幕的形式在国内公映后，凭借优秀的制作立即引起了各界的关注，更被认为是中国动画电影十年来少有的现象级作品。

影片讲述了寂寞沉潜五百年的孙悟空被儿时的唐僧——俗名江流儿的小和尚误打误撞地解除了封印，在冒险之旅中完成自我救赎的故事。何为英雄？我们理解的英雄一般是拯救世界或拯救生命于危难之中的人。而在电影《西游记之大圣归来》中，大圣在拯救世界之前，先完成了自我救赎。这也契合了中国文化中的"一屋不扫，何以扫天下"的道理。在大圣自我迷失的过程中，江流儿对他的信任无疑激发了大圣，让他重拾初心。

① 这部分主要参考左芝兰，丁济《永远的西游：〈西游记〉的接受和演绎》，四川大学出版社，2015年版。

二、连环画版《西游记》
——一个时代的记忆

图3 《西游记》连环画封面之一

连环画在我国具有悠久的历史,是图书中的一种特殊品类。早期,上海把连环画称为"图画书",广州则称之为"公仔书",后又普遍称"小人书"。

1929年,《西游记》的连环画作品由上海世界书局出版。这套书一共20册,分上下集,画者是金少梅与章兴瑞。这部连环画以图文结合的方式来讲述故事的创作方式,赢得了广大读者的好评。中华人民共和国成立之后,中国连环画的发展也呈现出了百花齐放的繁荣景象,艺术形式也不断创新。

西游故事连环画创作在20世纪50—60年代出现了小高峰,这一时期,作品不断出新,涌现出了很多"连坛"大家的精品佳作。这一时期的西游故事连环画创作的数量高于其他几部古典小说名著。《西游记》中的经典故事几乎都出版过连环画，仅 1954 年、1955 年两年间，被誉为上海"连坛""四大名旦"之一的陈光镒的三部作品《大闹天宫》《通天河》《真假猴王》先后出版。这三部作品代表了当时西游故事连环画的最高水准。而后出现的《西游记》连环画种类非常单一，只有《孙悟空三打白骨精》和刘继卣的《闹天宫》《水帘洞》《筋斗云》。《孙悟空三打白骨精》的绘者之一赵宏本为"连坛""四大名旦"之首，更被誉为"连环画的祖师爷"，他的搭档钱笑呆也是"四大名旦"之一。此外，《孙悟空三打白骨精》自出版以后，还被翻译成蒙古文、哈萨克文等多种语言发行。品质高、影响大的《孙悟空三打白骨精》成为西游故事连环画创作的巅峰之作，成为一个时代的绝唱。这一时期的西游故事连环画作品，对于考察古典小说《西游记》在中华人民共和国成立初期大众的传播、传承状况，有较高的研究价值。

由河北人民美术出版社出版的《西游记》连环画，是 20 世纪仅有的一版完整的《西游记》连环画，它的绘画者由当时一些大名鼎鼎的连环画家组成：钱笑呆、郑家胜、胡若佛、池振亚、宗静风、陈云波、刘汉宗、徐燕荪等。20 世纪 60—70 年代，这版连环画停止了出版。幸运的是，其中缺失的一部分又在 20 世纪 80 年代被重新制作，最终，这版连环画还是被完整地保存了下来，成了所有《西游记》连环画中最完整、流传最广、影响最大的一个版本，甚至成了"80 年代"文化记忆的一部分。

20 世纪 80—90 年代，几乎没有新的连环画作品出现，连环画已经渐渐被当作旧物，被一些爱好者当作一个时代的回忆收藏起来。连环画可以说是 20 世纪 80 年代人们最珍贵的记忆之一，"小人书"可以说是那一代人消遣娱乐的重要工具。

1949 年以来，比较有影响的《西游记》连环画有上美版（上海人民美术出版社）、人美版（人民美术出版社）、湖南版（湖南美术出版社）、河北版（河北美术出版社）、陕西版（陕西人民美术出版社）等。然而，随着现代因素的冲击以及人们娱乐方式的多样化、国外动漫的大量涌入，连环画在流行了将近半个世纪后逐渐褪色。国外动漫以鲜明的画面、生动的故事、精良的制作吸引着儿童甚至是成年人的眼球，给人以更加直观的视觉冲击感。20世纪90年代起，连环画逐步被挤出图书市场。"小人书"渐渐被市场遗忘，当年的西游故事连环画精品在现代社会的收藏价值越来越高，从"创作热"到"收藏热"的过程其实也是连环画出版冷、市场淡的真实写照。

第二部分

整体梳理

第一节

曲折离奇的故事情节

一、一波三折的设计

《西游记》是由一个个故事串联而成的，其故事之所以引人入胜、可读性强，就在于故事情节的一波三折、跌宕起伏。在经典小说中有很多用数字"三"表示的曲折故事，《西游记》也不例外，从章回名称来看，就有"尸魔三戏唐三藏""孙行者三调芭蕉扇"等。"三"在中国文化中有"正好"的意味，俗话说"事不过三"，情节设计也是如此，多则过繁，少则无味。除了这些"显性"曲折的故事外，还有很多脍炙人口的故事也经历了多次情节起伏。

"每作一波，常三过折笔"，就在这"三过折笔"中，也可以大做文章。纵观《西游记》一百回，可以大致将情节的波折分为三类：一是困难升级，二是误会加深，三是以假乱真。

困难升级意味着一次又一次的失败。比如，在第四十六回中，车迟国三位国师在与孙悟空比拼求雨和唤龙王现身失败后，为了阻挠国王发放关文，依次比试了坐禅、"隔板猜枚"，三位国师的独家法力——砍头、剖腹、下油锅。对这三位国师而言，这三次比试是逐个升级的，目的就是难倒唐僧师徒四人，将他们擒拿诛杀，以报三清观冒犯之仇。最后三位国师轮番上场，可谓拿出了各自的看家本领，不料碰上了对手，丢了性命，现了原形。

在第五十回到第五十二回中，孙悟空与兕怪交战被套去金箍棒失败而归，上天搬来救兵哪吒与托塔李天王，哪吒等人与妖怪打斗，兵器也悉数被收。天王道："套不去者，惟水火最利。"孙悟空后又请了火德星君与水德星君来帮忙，无论火势多么猛烈，水势多么汹涌，都未伤到兕怪一分一毫，并且火具与水具也都被妖怪套入圈中。后来孙悟空又另请救兵，直至将其收服。这些都是最直接的"屡战屡败、屡败屡战"的叙述形式，不过失败的对象有时是孙悟空一方，有时则是妖怪一方。

还有的波折表现为叙事过程中矛盾的激化和误会的加深，这不断推动情节的发展。第二十七回"尸魔三戏唐三藏，圣僧恨逐美猴王"便是这一特点的典型。"三打白骨精"的故事之所以脍炙人口，就在于"三打"过程中的误会逐渐升级。从行文中可以看出，白骨精并不是法力高超的妖精，但正是这个战斗力较弱的妖精化作手无缚鸡之力的普通人，博取了唐僧的怜悯之心。并且，这个妖精全程没有与孙悟空打斗，在唐僧看来，这三个凡人都被孙悟空一棒子打死了。唐僧一直处于被蒙蔽的状态中，并且没有解除误会的机会。"一打"时，唐僧肉眼凡胎，气愤悟空无故伤人性命，加上八戒煽风点火，误会兴起，念起紧箍咒。"二打"时，唐僧"更无二话，只是把《紧箍儿咒》颠倒足足念了二十遍"，甚至愤怒，要将悟空驱逐，误会进一步加深。"三打"时，误会再次升级，唐僧直接一纸贬书赶走悟空，故事进入高潮。其中，每一次误会都推动着故事不断向前发展，也使得整体情节生动曲折、扣人心弦。

另外，波折的表现形式还体现在孙悟空等人与妖怪斗智斗勇的过程中，彼此不断变幻又不断被识破，使情节张弛有度。

在第三十二回到第三十五回中，唐僧师徒在途中遇到的妖怪是金角大王与银角大王，孙悟空先化为道士，用"装天"的葫芦骗取了"紫金红葫芦"与"羊脂玉净瓶"两件宝贝，然后变作小妖，去请老怪，又变老怪，拿走"幌金绳"，不料被妖怪识破，反被"幌金绳"困住，并被搜去了先前骗来的两件宝贝。孙悟空脱身后装作"者行孙"又被装入葫芦，后又从葫芦飞出变作小妖，趁二魔喝酒以假葫芦换回真葫芦。在这期间，孙悟空经历了多次变幻，并被识破。其间不断有宝物的易手，又有新宝物的出现，让人目不暇接，也使得故事情节更加充实精彩。

在第四十一回到第四十二回中，孙悟空大战红孩儿，一进山洞被火攻出，二进山洞用水灭火却如火上浇油，被烧得元气大伤。于是着八戒寻观音救助，被红孩儿猜出，红孩儿则变成观音在途中拦住八戒，遂将其捉拿进洞。孙悟空变作牛魔王三次进洞与红孩儿交手，被其设计识破，于是前往南海求助观音，观音最终将红孩儿收服。短短两章，孙悟空三进火云洞救师未果，妖怪与孙悟空的交互变幻尽在其中，读者的心情也随人物的变化而起伏。

在"三调芭蕉扇"中，"以假乱真"的设计更是被展现得淋漓尽致。"一调芭蕉扇"时，孙悟空得到定风丹后变作虫子钻进铁扇公主的肚子，使她跪地求饶被迫交出扇子。孙悟空得到宝扇，矛盾似乎解决了，读者为孙悟空的胜利松了口气。紧接着却发现铁扇公主交出的扇子不是真扇。孙悟空不但没有扇灭火焰山之火，反将自己的两股毫毛烧尽。"二调芭蕉扇"时，孙悟空变作牛魔王的模样去找铁扇公主，利用公主孤寂难耐、盼夫心切的心理，很容易将芭蕉扇骗到了手。这时，读者不得不惊叹于孙悟空的机智聪慧，为他扇子到手感到高兴。然而没想到的事情又出现了，狡猾的牛魔王，却变作猪八戒的模样，半路上又很轻易地将扇子骗走了。"二调芭蕉扇"失败，作者紧接着又写"三调芭蕉扇"，让孙悟空与牛魔王展开了一场艰苦卓绝的战斗，并将这场斗智、斗力、斗变的战斗，写得惊心动魄，变幻莫测。最终在八戒的帮助下，孙悟空成功取得芭蕉扇。"一调""二调""三调"的叙述和描写，使故事完整曲折，读者情绪也随之起伏。

一波三折的叙事成了小说的基本助力。此举一是丰富了故事的内容，让人有事可看；二是运用巧妙的安排，造成故事情节的波澜迭起，使文章曲折多姿，引人入胜，正合"文似看山不喜平"的理论，让人有兴可读；三是意味着取经的过程不可能一帆风顺，一步到位，唐僧师徒必须经历艰难的磨炼方能取得真经，修炼得道，让人有理可得。

二、生动有趣的架构

《西游记》这部小说虽然是长篇巨作，但却是由许许多多的短篇小故事连缀而成的。郑振铎曾说，《西游记》的组织实是像一条蚯蚓似的，每节皆可独立，即斫去其一节一环，仍可以生存。①

就这一百回内容而言，可以分为三大独立的部分：从第一回到第七回讲述孙悟空的出身和大闹天宫，第八回到第十二回讲述唐僧的出身和西天取经的缘起，第十三回到第一百回则讲述西天取经的过程。即便是西天取经的内容，也可以拆分出若干个相对独立的小故事。"所谓八十一难，在其间，至少总有四十多个独立的故事可以寻

---

① 郑振铎《西游记的演化》，《文学》，1933 年第 4 期。

到。"①如今很多有关《西游记》的影视剧就是选取其中一段独立的故事改编而成的，也就是说，这些故事之间相互没有繁杂的牵连。正是这一个个独立的精彩的小故事构成了完整宏大的西游历险图，缺一不可。

细看这些小故事，我们又会发现某些部分既独立又有联系，而这些联系又构成了小说创作中的伏笔与照应。这些内容不一定是连续发生的，但是出现得都合乎逻辑。比如以牛魔王这一家为主体，就串联起了第三回、第四十回到第四十二回、第五十三回、第五十九回到第六十一回所发生的种种事件。在第三回中，孙悟空作为猴王遍访英豪，广交贤友，与牛魔王等人结为兄弟。因孙悟空身形小巧，故此把牛魔王认为大哥。在第四十回到第四十二回中，牛魔王之子红孩儿将唐僧抓去，孙悟空起先还认为他与红孩儿父亲相识，红孩儿怎敢害他师父。奈何红孩儿完全不认他这"老叔"，还要邀请父亲一起享用唐僧肉，孙悟空只得请求观音将其收服。正是因为前面降服了红孩儿，导致牛魔王一家对孙悟空产生了敌对的态度。在第五十三回中，唐僧和猪八戒误喝了子母河的水，怀上身孕。孙悟空要找如意真仙讨要落胎泉的水解救他们，不料如意真仙是牛魔王的弟弟，听说了侄子被害，正要找孙悟空寻仇，正巧孙悟空找上门来。如意真仙便与孙悟空大打出手，百般阻挠孙悟空寻取落胎泉水。最后孙悟空取得水后没将其斩尽杀绝，也是看在他哥哥牛魔王的情分上。这番过后，第五十九回到第六十一回中，孙悟空又遇到了借芭蕉扇的困难，铁扇公主因红孩儿被害一事，积怨已久，在借扇一事上万般为难。不仅铁扇公主如此，就连当年与他称兄道弟，他也一直念有情分的牛魔王也因为红孩儿和妻子的事与其翻脸，产生斗争。一生二，二生三，前有因，后有果，

① 郑振铎《西游记的演化》，《文学》，1933 年第 4 期。

就这样串联起了几次磨难。此外，火焰山的形成也与孙悟空大闹天宫有关。孙悟空在八卦炉内炼成火眼金睛后，"登倒丹炉，落了几个砖来，内有馀火，到此处化为火焰山"。火焰山的存在得到了合理的解释，孙悟空自食其果，也算是一种考验和教训。

有些故事情节刻意重复，别有用意。在第三十三回中，银角大王装成受伤的道士博取唐僧同情，后故意让孙悟空驮他前行，在其背上行了个"移山倒海"之术。大圣"遭逢他这泰山下顶之法，只压得三尸神咋，七窍喷红"。那妖魔疾驾长风，将唐三藏掳进莲花洞中。在第四十回中，红孩儿装作一个丧父失母的小孩童，赤条条被吊在树上，又激起了唐僧的善良之心，唐僧将其解救。红孩儿也只要孙悟空来驮，路上使个神通，往四下里吸了四口气，吹在孙悟空背上，突然就有千斤重。随后红孩儿又使解尸法跳上空中，孙悟空将其尸骸摔得粉碎，红孩儿弄起一阵旋风，将唐僧摄去。相似性极高的情节出现在相隔不远的章节中，这种安排自有用意。一来缘起都是唐僧的善意和对弱者的同情，出家之辈对修行之理相同的道士有惺惺相惜之感，对处境艰难的孩童有怜悯之心。从这点出发，可以看出唐僧是个慈悲为怀的好人，他也常常责备孙悟空毫无善良之心。但是，从另一方面来看，有被这种伎俩蒙骗的教训在先，而且才过去没多久，同样的事情又再次发生，这一重复又暴露出了唐僧的固执与蒙昧，不辨是非。再加上猪八戒煽风点火，即使孙悟空心如明镜也抵抗不了肉眼凡胎的固执。

有些故事情节看似重复，但是有区别。比如，路上常常遇见水怪，其故事就有流沙河遇沙僧、黑水河碰见鼍龙、通天河收鱼精。与水怪打斗的过程往往都如出一辙：孙悟空不善水战，他采取的方式是让猪八戒把对方引上来，看对方出水面的时候迅速当头一棒。但妖精也很狡猾，知道孙悟空的厉害，一看见孙悟空就钻到水下去了。这三个都是水怪，但是最后的结局不一样。沙和尚需要将功折罪，被观音点化为唐僧的徒弟，不但要助唐僧渡过流沙河，还要一路保护他西天取经。黑水河的妖怪是龙王的外甥，由龙王的太子亲自将其收服。通天河里的鱼精是观音珞珈山莲花池里的金鱼，观音于竹林编制了一个竹篮，扔进河里将鱼精装入篮内。由此可见，同样是水怪，但被消灭降服的方法却不一样。

此外，小说中也多次写到女妖，但是孙悟空一行的取胜方式并不相同。琵琶洞的蝎子精是请昴日星官来消灭的；盘丝洞的蜘蛛精是孙悟空打死的；无底洞的老鼠精，是李天王的干女儿，孙悟空知道后就直接上天找李天王，让他帮忙收服。孙悟空消灭敌人，突破前进路途中的种种障碍，虽然故事有些近似，但是有变化，不雷同，由此也能看出小说在创造过程中注重情节的多样性。

三、必然情节的推动

《西游记》中的故事精彩纷呈，有些情节不仅起到丰富故事内容的作用，还起到了推动故事向前发展、促进人物发生变化的作用，并且成了小说合理性的基底。立足于构思与叙事的视角，将整部小说抽丝剥茧再拆分重组，会发现其中有些情节是必然的，是必须存在且一定会发生的，是牵引着事情不断向前发展的内在线索。有些情节则是偶然的，可以以不同的形式存在，是可以变动的。什么是必然？什么是偶然？科学的解释是必然性"是客观事物联系和发展中合乎规律的确定不移的趋向，是在一定条件下的不可避免性"；偶然性"是事物联系和发展中并非必定如此的不确定的东西"，"对一事物发展过程来说，特定的偶

然性可以出现，也可以不出现；可以这样出现，也可以那样出现"①。在
《西游记》中，必然情节成为固定的枝干，衍生出偶然情节，并促进其
发展。

《西游记》中，孙悟空拜菩提祖师为师、东海龙宫寻得神器、大闹
天宫、被唐僧解救、三打白骨精是值得推敲的几个部分。

孙悟空之所以练就了一身本领，变化多端，腾云驾雾，还能钻天
入地，闭水避火，源自灵台方寸山菩提祖师的教导，这也为他大闹天
宫时天兵天将都不能奈他何做了解释，也为日后其在保护唐僧取经的
道路上与各类妖怪斗智斗勇打下了基础。因此，拜师是必然的，被师
父驱逐也是必然的。

一身本领成了他的好身底，武器傍身让他锦上添花，更加神通。
"好马配好鞍"，人人都望而却步的定海神针却成了孙悟空的如意金箍
棒，能伸能缩，能粗能细。这一神器注定与孙悟空相配，也伴随着他
降妖除魔。而自从孙悟空得到了定海神针，大闹天宫的重头戏也就接
连开场了。因此，东海龙宫寻神器是必然的，它与孙悟空相互成就。

大闹天宫过程中，孙悟空的盛气达到了顶峰，对天庭秩序的扰乱
与对最高权威的挑战预示着他必将受到合力的惩罚。一场轰轰烈烈的
闹剧达到顶峰后，随之而来的是五百年的沉寂和万里长路的修炼。对
于孙悟空来说，这是他从绝对的自由身到有规则的个体的必经之路。
此外，他因为偷吃仙桃、偷吃仙丹造就了长生不老、金刚不败的仙
体，还在太上老君的炼丹炉中炼就了一双火眼金睛，这都对他日后一
路过关斩将至关重要。因此，大闹天宫是绝对不可以跳过的一段
情节。

孙悟空第一次拜师成就了一番本领，也将自己推向了"妖猴"这一

---

① 肖前、李秀林、汪永祥《辩证唯物主义原理》，人民出版社 1981 年第 1 版，第 260～261 页。

位置；第二次拜唐僧为师，既拯救了作为"猴"的生命，也摆脱了"妖"这一身份。取经道路上必须有一个核心人物，这一核心人物非本领高强的孙悟空不可。他在遇见唐僧之后重获自由，但这自由不是绝对的自由。唐僧为他戴上了观音赐予的紧箍，给了他自由的同时又给了他束缚。但正是这一束缚让他逐渐磨灭了野性与蛮横，时刻保持着师徒二人的紧密性，不然依孙悟空的心性，刚开始可能就因为种种原因而离开了。小说中有两处相似的情节就是关于有无紧箍咒的对比。第十四回"心猿归正，六贼无踪"与第五十六回"神狂诛草寇，道昧放心猿"同样是写取经路上偶遇打劫的贼寇，孙悟空将他们打死，唐僧因此愤怒，责骂孙悟空毫无善心的事。但是前者发生在孙悟空毫无束缚时，经不起唐僧的一句骂，就任性出走了。然而在后者中，唐僧在孙悟空打死人后立马念起了紧箍咒，并且将孙悟空赶走。紧箍咒使得师徒二人转变了主动被动关系。所以，唐僧解救孙悟空是必然的，孙悟空带上紧箍也是必然的，因为孙悟空对紧箍咒的惧怕才发生了一系列的后续事件。

　　"三打白骨精"是师徒四人合体后经历的一个灾难，这一情节是西天取经路上的一个关键点。首先，这一情节让师徒的性格暴露得非常明显，猪八戒的贪吃好色、爱挑拨离间，唐僧的缺乏主见、善恶不辨，孙悟空的简单直接、除恶必尽，都在这一回中得到显现。猪八戒与唐僧这样的性格预示着他们日后还会在同一处摔跤，而孙悟空在此次事件中多次受到了紧箍咒的惩罚甚至被驱逐出队，他从中吸取了教训，日后处理事情的方式产生了转变。在后期再遇到伪装的妖怪时，他不再冲动地一棒子将其打死，而是先对唐僧进行一番劝说，若不可行，再配合妖精演戏，以保护唐僧为前提，随机应变。更为重要的是，这件事之后，孙悟空被赶回花果山，师徒四人遭遇内部大分裂。而后唐僧遇到危险，猪八戒与沙僧都无法相救，在危难时刻唐僧意识到了孙悟空的重要性，将孙悟空请回，孙悟空又重新回到队伍中，打退了妖魔，与师父重归于好，也确定了自己在团队中不可撼动的地位。此后，其他三人充分认识到孙悟空的重要性，唐僧不再动不动就把孙悟空赶走，猪八戒也认定了大师兄这个不可或缺的身份。师徒四人也变得更加团结，感情得到了加深。因此，"三打白骨精"是整部小说中很重要的一个情节，它对于师徒四人有很大的意义。

第二节

丰富奇异的人物性格

一、自然性、神性与人性

《西游记》中涉及很多神魔形象，从整体来看，他们都有较为明显的共性。这些形象往往都是自然性、神性与人性的结合。所谓自然性，就是自然中的动植物特性。《西游记》中，大部分的神魔都是由动植物修炼而成的或本身就以某种动物的形式存在。因此，即使他法术高强，也脱离不了原有的特性，仍保持其原有的相貌和习性。如在取经路上遇到的妖怪，除去样貌还保有原形，如牛魔王、黑熊怪等，本领也与本体相关联，如龟精、鱼精善水，鸟精会飞，蜘蛛精能吐丝，蝎子精有毒刺，松、柏、桧、竹精言谈清雅，杏仙轻佻妖媚。

这些动物、植物经过长期的修炼成妖时，或者偷了某项神器快速成怪时，就具备了神奇的本领，也就是"神性"，能够上天入地，变幻莫测。

此外，作者又将人的七情六欲赋予他们，使他们又具有"人性"，如想吃唐僧肉以求长生不老，或者因某种原因想与唐僧成婚，这都是人类身上常见的欲望。其中，将自然性、神性与人性结合得最好的典型是孙悟空和猪八戒。

孙悟空是一只从石头中蹦出的猴子，长了一副毛脸雷公嘴的猴相，会行走跳跃，也具有猴子的机灵与敏捷，纵使千变万化，也还会露出"红屁股"这一真相。这是他无法抹去的自然性。但是他本是神猴，又学得一身武艺，会七十二般变化，炼就火眼金睛，是妖怪最大的克星，是人们理想中英雄的化身。他的神性表现得较为明显。但孙悟空不是绝对的神性的象征，并非永远保持着高高在上的距离感，他身上也有一些凡人的特点。如在他的言谈中常见一些江湖术语与市井粗话，他始终信奉"一日为师，终身为父""男不与女斗"的规则，这些都深深打上了社会的烙印，给人以真实感。

如果说孙悟空是将"神性"表现得较为明显，猪八戒无疑是将"人性"展现得淋漓尽致。他偷懒贪睡，好吃好色，爱贪小便宜，爱耍小聪明，身上有着除不尽的欲望，这些无一不是人性的短板。相较于孙悟空来说，猪八戒更像是一个普通人，一个有血有肉、亲切可感的普通人。他生得丑陋，黑脸短毛，长嘴大耳，食量惊人，还是一副猪相。但他是天蓬元帅出身，又会三十六般变化，在斩妖除怪的战斗中，他是孙悟空的得力助手，身上也有不可磨灭的神性。

《西游记》中的神魔形象之所以深入人心，就是因为作者将自然性、神性与人性结合得恰到好处。有形色分明的本体形象，有互攻互克的仙术妖法，更有真实亲切的凡人气息，这是《西游记》塑造形象的一大特色。

二、个性鲜明的师徒四人

师徒四人是《西游记》中的主要人物，且贯串整条取经道路。随着时间的推移，道路的延长，师徒四人的性格也就展现得越来越明显。

　　孙悟空作为取经路上重要的成员之一，有着十分鲜明的性格特点。作为一个神猴，机智聪明是他的本色，这一特点从他在菩提祖师处拜师学艺时就得以窥见。菩提祖师手持戒尺在他头上打了三下，悟空即悟出三更时候去找师父求道，可见其颇有慧根。在后期降妖除魔的道路上，孙悟空更是常生伎俩，与妖怪斗智斗勇。或变作妖怪骗取宝贝，或变作小虫飞入妖怪肚里，或思虑周全布置完整的战略，在这个过程中他总能想出非凡的计策自信应对，即使最后力不从心，也能善于利用外部的力量帮助自己。甚至他对于医术也略知一二，给朱紫国国王对症下药，治愈了国王的身体。

　　孙悟空还有一个最大的特点就是不畏艰难、勇往直前。花果山群猴聚集，也只有孙悟空当仁不让勇钻水帘洞成为王者。这也正体现了他的勇敢无畏是与生俱来的。在他练就了一番强大的本领后，他的这种"不畏艰难"第一次对准的是天上的权贵，他带着一种天不怕地不怕的姿态扶摇直上，喊出了"皇帝轮流做，明年到我家"的口号。一个"大闹天宫"就将他性格中的反叛意识尽显。面对天兵天将的强势攻击他毫不畏惧，兵来将挡，水来土掩，谁也不能奈他何。走上了取经之路，面对一路上的妖魔鬼怪，他更是从未退缩，总是冲在最前面，与妖怪激烈战斗。最终被封为"斗战胜佛"，对孙悟空而言，也是实至名归。孙悟空的不畏艰难、勇往直前首先出自他的本性，他是神猴，亦是妖猴，骨子里始终带着野性，这一野性让他生性高傲，不把任何人放在眼里，战斗、杀戮在他看来乃平常之事。再加上他有一身神通广大的本领"加持"，他更是无所顾忌，没有人能成为他的对手。其次，他没有什么物欲，这让他成为除唐僧以外对于去西天意志力最坚定的人，他把保护唐僧当成了他的责任，当成了对他能力最好的证明，所以没有什么外力能够阻挡他的脚步。

　　在对待敌人、对待诱惑的态度上，孙悟空看似不近人情，但他身上也有看重感情的一面，而这一面照应的都是他的师父。孙悟空十分看重师徒情谊，这一点在小说中多次出现，而他本身也有着如常人一般"一日为师，终身为父"的信念。在孙悟空离群降妖时，他会嘱咐身边之人好生照顾师父，切莫怠慢。在唐僧为路途的磨难感到忧心时，孙悟空常常安慰师父不要胡思乱想。在唐僧遇到危险、身陷困境时，他因为不忍心看到师父受难会留下难过的眼泪。在唐僧一而再再而三误会他甚至要将他逐出队伍时，他还拔下毫毛，在四周向师父行跪拜之礼。而在重新回归，经过东洋大海处时，他还特意下海洗净身子，以免离开几日身上的妖气惹唐僧嫌弃。种种行为，都能看出他对师父的一片赤诚，所以他还是个重情重义之人。

从对待师弟猪八戒的种种，又能看出孙悟空另一个如凡人的特性，爱捉弄人。他平日里好与八戒言语相争，知道八戒好吃好色，便经常捉弄猪八戒。知道他不会好好巡山，便化作小虫跟随他，打扰他，然后故意拆穿他的谎言。在碰到美人诱惑时，便逗猪八戒让其留下做上门女婿。在碰到脏活累活时，都会想方设法骗猪八戒去干。孙悟空的这一特点也使他在人们眼中格外可爱。

如果说孙悟空是取经路上发挥重要作用的人物，那唐僧就是这个队伍精神凝聚力的所在。作为一个佛教徒，他对于佛教非常虔诚，为百姓求取真经是他永不磨灭的志向。本着这种坚定的信仰，他能够忍受一切磨难。无论是面对权力与女色的诱惑，还是面对生死的考验，他都从来没有动摇过去西天的决心。"如不到西天，不得真经，即死也不敢回国，永堕沉沦地狱"，这是他在唐王面前发下的誓愿，也是他支撑自己前行的力量。正是他的执着与坚定，师徒四人才得以团结一致。

同样，作为出家人，他向来慈悲为怀，对百姓抱有善意，对弱者抱以同情。但是他的善良、慈悲往往成了祸起之源。如对受伤道士的同情，对被绑儿童的同情，都让他深陷虎口。即使真的确定了是妖怪所变化，他也无法就此拂袖而去。如在小说第八十回中，唐僧师徒路过黑松林，遇到了由老鼠精变化而成的被绑于树上的女子，听她讲述经历，唐僧忍不住掉下泪来，他马上喊八戒去救她，被及时赶来的孙悟空一把拦住，悟空指出她是妖怪。这次，他倒是相信了悟空的话，在猪八戒反驳时他对八戒说道："你师兄常时也看得不差。既这等说，不要管他，我们去罢。"但走了不远，唐僧还是被老鼠精的那句"你放着活人的性命还不救，昧心拜佛取何经"扰得心神不宁，最终还是回去救了那个女子。可见，这种慈悲之心在唐僧身上已经根深蒂固了。

唐三藏在历史上虽然是一位得道高僧，但他在《西游记》这部小说中被塑造成了一位具有很多人性弱点的世俗和尚。他的第一大弱点就是软弱怯懦，甚至用胆小如鼠来形容也不为过。一看到险恶的环境就心惊胆战，一听到风吹草动就掉下马来，一遇到妖怪就落下眼泪，常常被孙悟空冠以"脓包"的称号。在孙悟空要去捉拿妖怪时他还会拉住悟空，生怕脱离了悟空的保护。这样一个怯懦的形象其实是与得道高僧、信念坚决的取经之人不相符的。

虽然唐僧极其依赖孙悟空的保护，但他却很少听从孙悟空的意见。对孙悟空，他常常是"三不"的态度：不相信悟空，不承认错误，不吸取教训。孙悟空火眼金睛，一眼就能看破妖怪的诡计，这本是一个很大的助力。但唐僧只相信自己凡人的眼睛，认为自己看到的就是正确的。在妖怪面前，常常不辨是非，不分善恶，听不进悟空的劝告，自以为是，见事不明，好歹不分。更会在孙悟空为了保护他杀死妖怪后指责悟空违反了佛门慈悲为怀的原则和不杀生的戒律，狠心念起紧箍咒，甚至将他驱赶。而当唐僧陷入妖怪之手，事实证明了他的错误后，他也从未向孙悟空承认过是他判断错误。更重要的是，他还未从之前的错误中吸取教训，下次碰到同样的事情还会再犯。这一点从他屡次对妖怪产生恻隐之心就可以得知。这样一个自己没有什么本领却从不听取本领高强的大徒弟的意见的人，是极其刚愎自用的。荒诞的是，他虽然不听孙悟空的话，但十分听得进猪八戒的话，而多次磨难也是由于猪八戒的挑拨离间引起的。可见唐僧也像众多的凡人一样，爱听好话，爱听奉承的话。

猪八戒是个典型的喜剧形象。他身上充满了无穷的人生欲望，尤以"食""色"为重。他是人类本能欲望集中投射的一个形象。他食量惊人，每见吃的就垂涎三尺，每遇吃的就狼吞虎咽。"一顿要吃三五斗米饭；早间点心，也得百十个烧饼才彀"。他走到哪儿吃到哪儿，无论是寻常百姓家，还是普通寺院，抑或皇家宫殿，他总是将汤饭果菜吃得一毫不剩，酒水也是杯杯不辞。小说中写他风卷残云般贪吃的场面屡见不鲜。有时，满足了他的食欲，他就能够上场为民除害，与大师兄一起勇斗妖怪。但他也会被自己的口腹之欲连累，因为好吃被白骨精等妖怪欺骗，上了当受尽了折磨。

他的好色也经常成为他人生路上的绊脚石。他被贬下凡就是因为调戏嫦娥触怒天规，但他却不从中吸取教训，在高老庄还霸占良家妇女，并时时想着回高老庄接着做女婿。取经路上，只要见到年轻漂亮的女子，无论是人是妖，他都会眼馋身酥，心起邪念，梦想自己抱得美人归。他的这一特性成为他取经路上的阻力，在第二十三回中，就有"四圣试禅心"的情节，他因为贪恋母女四人的美艳受了大苦，出了大丑。虽然这次受到了告诫，但他也未从此洗心革面，后面依然袒露本性。如在第七十二回中，看见七个蜘蛛精在温泉中洗澡，他便有了非分之想。与师徒队伍中其他三人的不近女色不同，猪八戒的人生梦想就是"老婆孩子热炕头"，与常人近似。

同样，猪八戒身上还有与凡人相近的欲望。在取经路上，他动不动就要小睡片刻，让他巡山，他看见一弯红草坡，便"一头钻得进去，使钉钯扒个地铺，毂辘的睡下"，对他而言，"酣眠固不可少，小睡也别有风味"。此外，他也爱财爱物，唐僧与孙悟空在取经之路上都觉得钱财是累赘之物，但他却对赏赐的钱财来者不拒。孙悟空骗他去干脏活，只说有宝贝，他便十分卖力。面对强大的大师兄，他也时常心生妒意，生怕打杀妖怪的功劳都被大师兄捞了去，自己也要赶着去邀功。他也经常在师父面前挑拨离间，使唐僧与孙悟空之间横生误会。

纵使猪八戒身上有很多人性的弱点，读者还是对他讨厌不起来。正是这些弱点的存在，才让他与不食人间烟火、不动七情六欲的唐僧和孙悟空比起来显得更加真实，人们在他身上看到的就是有血有肉的"人"，而这些欲望也都是人类身上最正常不过的。他对这些欲望毫不掩饰，心里的小算盘被揭露，出丑之后也非常坦然，被人讽刺挖苦也从不放在心上，由此可见，他又是坦率憨厚的。他虽爱偷懒，但脏活累活也都不怕，在高老庄时，他就甚是勤快，每天努力干活。在取经之路上，因为师父的单薄、师兄的高傲，他也经常是干重活的那一个。这些细碎的优点倒让猪八戒的缺点变得无伤大雅，形象也十分亲切可感。

沙僧是师徒四人中存在感最弱的一位，但是也是队伍中不可缺少的一个人物。没有他的存在，这支队伍可能早就散伙，分了行李各自走人了。他虽然寡言少语，但他说的每一句话都很有分量，甚至起到一定的关键作用。从他个人来说，他深知此次去西天取经是为了赎罪，所以他的坚定与虔诚不亚于唐僧，在猪八戒常常嚷着要散伙的时候，他从不轻言放弃。相较于暴躁任性的孙悟空、粗枝大叶的猪八戒来说，沙僧是细心周全、谨慎沉稳的。

首先，他的细心周全让他成为取经路上重要的后勤保障。一路上，他牵马挑担，最大的职责就是照顾唐僧，干一些非常平凡琐碎之事，但他任劳任怨，做得十分细致，让前去战斗的孙悟空没有后顾之忧。有人照看行李，保护唐僧，孙悟空也好一心应战。沙僧也不是怕事之人，一旦需要他加入战斗，他也毫不畏惧，虎虎生威。

其次，他的谨慎沉稳让他成了队伍中的调和剂。他对唐僧忠心耿耿，但他也会劝师父不要对大师兄念紧箍咒，还会帮猪八戒挑担子。

他与队伍中的任何一个成员都不会发生矛盾，并且，他在其他成员发生冲突时，能起到调和的作用。如第八十一回中孙悟空去追地涌夫人时，把唐僧交于猪八戒和沙僧，但由于他们俩一时疏忽让唐僧被抓——

> 　　行者怒气填胸，也不管好歹，捞起棍来一片打，连声叫道："打死你们！打死你们！"那呆子慌得走也没路……沙僧笑道："兄长说那里话！无我两个，真是'单丝不线，孤掌难鸣。'兄啊，这行囊、马匹，谁与看顾？宁学管鲍分金，休仿孙庞斗智。自古道：'打虎还得亲兄弟，上阵须教父子兵。'望兄长且饶打，待天明和你同心戮力，寻师去也。"

这番话说得孙悟空平息了怒气，一场可能导致散伙的矛盾也就此平息。在第八十回中，唐僧再次对能否取得真经发起忧虑之叹，猪八戒这个时时喊着散伙的人自然又开始跟着附和，唐僧、猪八戒与孙悟空又要因这个问题起争执时，沙僧立马站出来呵斥二师兄："莫胡谈！只管跟着大哥走。"一句话，简单有力，让大家不再因为这一毫无意义的问题争论下去。由此可见，沙僧在调和队伍内部矛盾方面起着至关重要的作用。

三、人物性格的成型过程

在去往西天取经的过程中，得到明显成长的人物是孙悟空，从他的发展线来看，他的性格不是从一而终的。之前说到孙悟空一开始是神猴出身，抑或被人称为"妖猴"，他身上一直带着一股野性，叛逆、鲁莽、傲慢。

　　孙悟空刚开始向菩提祖师拜师学艺时是非常自然纯真的，他学得了一身本事却急于在其他人面前炫耀，被菩提祖师赶出师门。此后，他越发高傲，在大闹天宫时，野性全发，叛逆到了极点，他不把任何天上的神仙放在眼里，觉得他们也不过如此。即使面对如来佛祖，他也极其自负，对佛祖甚是轻蔑。

　　观音为了消磨他的野性，让他走上了取经之路。小说中将他称为"心猿"，而整个取经过程也是心猿不断归正的过程。孙悟空刚随唐僧西天取经时，其实是不甘心的，对唐僧的使唤与责骂更是嗤之以鼻，甚至负气离开。对待妖怪与坏人也是一棍子将其打死。取经初期，他的内心还没真正融入佛家弟子的身份之中。后来，由于受制于紧箍咒，孙悟空不得不收敛自己的性格，碰到妖怪不再鲁莽，而是机智灵活地处理，避免鲁莽行事让唐僧再产生误会。外力的限制让他初步产生了改变。

　　而后，他对唐僧的感情愈加深厚，发自内心地保护唐僧，也从未主动离开过唐僧。唐僧生病时，他也是无微不至地照顾。"常言道：'一日为师，终身为父。'我等与你做徒弟，就是儿子一般。"从开始的冲突到后来的尊师重道，他对唐僧的服从开始化被动为主动，他逐渐成为一个有情有义内心柔软之人。

　　最重要的是，孙悟空对入佛门慢慢产生了认同，对去西天取经的态度也越发坚定，思想上有了真正成长。当唐僧精神懈怠时，他还时常用饱含佛理的话宽慰并勉励师父。当唐僧觉得路途遥远，不知几时才能到时，悟空道——

> "你自小时走到老，老了再小，老小千番也还难；只要你见性志诚，念念回首处，即是灵山。"

过黑水河唐僧听闻水声产生疑虑时，悟空道——

"老师父，你忘了'无眼耳鼻舌身意'。我等出家人，眼不视色，耳不听声，鼻不嗅香，舌不尝味，身不知寒暑，意不存妄想——如此谓之祛褪六贼。你如今为求经，念念在意；怕妖魔，不肯舍身；要斋吃，动舌；喜香甜，嗅鼻；闻声音，惊耳；睹事物，凝眸；招来这六贼纷纷，怎生得西天见佛？"

当唐僧思乡伤感时，悟空道——

"师父，你常以思乡为念，全不似个出家人。放心且走，莫要多忧。古人云：'欲求生富贵，须下死工夫。'"

可见，孙悟空的佛性在逐渐增长，他对自己佛家弟子的身份也逐渐认同。直至最后，完全不需要紧箍咒的束缚，野性在他身上慢慢褪去，心猿完全归正。

第三节

诙谐讽刺的艺术风格

一、轻松幽默的对话

《西游记》作为一部长篇小说，自然少不了各种人物之间的对话，除了神奇的人物形象，文中的对话也为这部小说增色不少。语言描写使小说更加充实，也使得人物形象更加丰满。由于《西游记》是"世代累积型"作品，在民间流传多时，所以它的语言风格接近民间的人物对话，而非文人式的精心雕琢。总体而言，小说中的人物对话呈现口语化、世俗化的特点，充满了生活气息，是民间智慧的集中体现，而这充满人间气的语言也使这部小说广为流传。《西游记》中每个人物的语言都独具特色，孙悟空的语言充满了英雄豪气，猪八戒的语言充满了庸人的俗气，唐僧的语言又充满了佛教之气。文中各具特性的对话交叉穿行，再加以口语化的语言特色，令人读得懂，读得轻松，读得发笑。

口语化是指文中语言直白通俗，不像官方语言那般庄重严肃，文绉典雅，即使是"掉书袋"也是刻意为之，且并不深奥。其中还有大量方言的运用，使对话更显生动活泼。如——

> "是我咬杀猪母，可死群羔，在此处占了山场，吃人度日。"（"可"指"咬、噬"，第八回）
>
> "师父莫要这等脓包，行么！"（"脓包"指"不中用的人"，第十五回）
>
> "这个馕糠！好道汤着饿鬼了！"（"汤"指"碰"，第二十回）
>
> "老儿，莫说哈话。我们出家人，不走回头路。"（"哈话"指"愚蠢的话、丢人话"，第二十回）

这些方言词语直白俏皮，纵使这些人物具有非凡的本领，也都生于山间原野，十分"接地气"。

世俗化体现在文中大量运用俗语。俗语即广泛流行于人民群众间的通俗特定语句，包括歇后语、谚语等。如——

> 行者笑道："老官儿，你估不出人来。我小自小，结实，都是'吃了磨刀水的，秀气在内'哩！"（第六十七回）
>
> 小妖道："猪八戒与沙和尚倒哄过了，孙行者却是个'贩古董的，——识货！识货！'他就认得是个假人头。"（第八十六回）
>
> 沙僧上前，把他脸上一抹道："不羞！不羞！好个嘴巴骨子！'三钱银子买个老驴，自夸骑得！'"（第九十三回）

歇后语的运用使语言含蓄幽默，饶有趣味，更加形象生动地表达出要说的意思，能令人加深理解和记忆。

谚语在文中也比比皆是，对话中屡次出现"常言道""古人云""俗话说"这些开头语，后面的内容都是简单通俗的固定语句，是人民群众智慧与经验的结晶。如——

沙和尚笑道："哥啊，常言道：'三年不上门，当亲也不亲'哩……"行者道："你怎么这等量人！常言道：'一叶浮萍归大海，为人何处不相逢！'纵然他不认亲，好道也不伤我师父。"（第四十回）

古人云："口说无凭，做出便见。"（沙僧对金鱼精语，第四十九回）

行者笑道："师父说那里话。自古道：'山高自有客行路，水深自有渡船人。'岂无通达之理？可放心前去。"（第七十四回）

自古道："打虎还得亲兄弟，上阵须教父子兵。"（沙僧对孙悟空语，第八十一回）

这些谚语都言简意赅，富含深意，也使行文生动活泼、通俗有理。

此外，还有一些成语、谐音的巧用，也构成了《西游记》的语言特色，在特定环境中形成特定解释，颇有幽默效果。如——

那八戒见了寿星，近前扯住，笑道："你这肉头老儿，许久不见，还是这般脱洒，帽儿也不带个来。"遂把自家一个僧帽，扑的套在他头上，扑着手呵呵大笑道："好！好！好！真是'加冠进禄'也！"（第二十六回）

这里是八戒故意用"加冠进禄"一词打闹取乐，由此可见八戒的顽皮。

八戒未曾防备，被他一尾巴打了一跌，莫能挣挫得起，睡在地下忍疼。行者见窟中无物，橐着棍，穿进去叫赶妖怪。那八戒听得吆喝，自己害羞，忍着疼，爬起来……行者见了，笑道："妖怪走了，你还扑甚的了？"八戒道："老猪在此'打草惊蛇'哩！"（第六十七回）

八戒被蛇打倒，丢了脸面，但又故作镇定，用兵器在草中一通乱打，八戒滑稽的形象油然而生。而且这段文字画面感极强，栩栩如生。

又如——

老者道："你虽是个唐人，那个恶的，却非唐人。"悟空厉声高呼道："你这个老儿全没眼色！唐人是我师父，我是他徒弟！我也不是甚'糖人，蜜人'，我是齐天大圣。"（第十四回）

这里老者是无意说之，颇为天真。"糖"与"唐"谐音，用"糖"字鲜明地对比了唐僧与孙悟空的外貌形象。从孙悟空的口中显露出了他厌恶他人以貌取人，而忽视他高强的能力。

又如——

正行时，只听得叫声"救人！"长老大惊道："徒弟呀，这半山中，是那里甚么人叫？"行者上前道："师父只管走路，莫缠甚么'人轿'、'骡轿'、'明轿'、'睡轿'。这所在，就有轿，也没个人抬你。"唐僧道："不是扛抬之轿，乃是叫唤之叫。"行者笑道："我晓得，莫管闲事，且走路。"（第四十回）

这里是孙悟空有意说之，他故意用此话揶揄唐僧爱管闲事的毛病。

可见，文中有意无意用谐音制造巧合，读来颇有趣味。

综上所述，《西游记》中大量运用世俗社会广泛流行的俗语，冲淡了战斗的激烈，冲淡了佛理道旨的枯燥玄奥，营造出一种富有生活气息的喜剧风格。在使文章充满趣味性的同时，也鲜明地刻画了人物形象。《西游记》的语言来自民间，又从作者的再加工中体现了其对民间俚语的熟知及其高超的语言才能。这种幽默形式又增加了《西游记》的不同年龄段的民间受众。

二、荒诞可笑的叙事

从整体来看，《西游记》是不断遇妖打妖再遇妖的滚轮式结构，故事的发生方式颇为相似。但是其中也穿插着与妖怪打斗之外的一些特别的叙事，避免了故事的单一性。

在文中，孙悟空与猪八戒的嘲弄打闹成了锦上添花的插曲。在除去与妖怪相互对峙的故事性书写外，孙悟空与猪八戒的互相打趣，增强了叙事的多样性和趣味性。如在第三十二回中，孙悟空故意让八戒巡山，借机考验他。孙悟空深知八戒的德行，于是变作一个小虫全程跟踪他。果然在意料之中，八戒偷懒的老毛病又犯了，他边走还边指手画脚地骂着唐僧、孙悟空、沙和尚三人，而后便找个草坡自顾自地睡觉去了。睡醒之后，为了防止自己撒谎被识破，还对着三块青石头演了一场戏，回去的路上还念念有词，生怕忘记了自己编好的一段谎话。当猪八戒自以为得逞之时，不料却被孙悟空一一戳穿，他只得憋住气，勉强再次前行。一路上猪八戒草木皆兵，战战兢兢，一有点动静，他就以为是师兄的行迹。

此情节用了一回的笔墨来写，为平淡枯燥的取经书写增添了生气，也缓和了途遇妖怪战斗的紧张感，洋溢着轻松愉悦的氛围。

又如在第四十四回，写到车迟国敬道灭僧，四处迫害和尚，乃至各府州县乡村店集之方，都张贴着和尚的"影身图"，并且上面都有御笔亲题。凡是拿得一个和尚就有奖赏。众僧道："且莫说是和尚，就是剪鬃、秃子、毛稀的，都也难逃。四下里快手又多，缉事的又广，凭你怎么也是难脱。"车迟国对和尚的残暴，夸张到"剪鬃、秃子、毛稀的"也不放过，实在是荒诞而又可笑，这也从侧面讽刺了明代官吏的横行。

因此，作者在叙事中，不全然是偶遇妖怪，再来一番争斗，最后救唐僧脱离虎口的写法，也会在其间穿插一些或滑稽或荒诞的事件，使小说情节更加饱满的同时还彰显特别的意味。

三、不经意间的讽刺

《西游记》表面看来是一部天马行空的神魔小说，但深究内里，无不影射着当时的社会状态。其中，作者也用戏谑的笔墨揭露了现实的丑恶现象，从中我们得以窥见明朝的社会情态。《西游记》成书于明代中期，社会情况与朝代建立之初有很大的不同，政治上各类矛盾正不断激化，有阶级矛盾、民族矛盾以及统治阶级的内部矛盾，并且日趋尖锐。统治者昏庸无能，宦官专权当道，社会风气败坏，人民多对现实感到不满，同时，统治者对思想领域的控制也逐渐放松，人们追求自我，思想文化开始活跃。小说在一定程度上深刻地描绘了当时的社会现实。在写法上，小说往往利用原有的情节或者人物顺势插科打诨，自然为之，在不经意间巧妙地起到了针砭时事的作用。

将讽刺的对象分类来看，小说主要对这几类人物进行了讽刺，分别是统治者、宗教徒、读书之人。

在封建制度中，皇帝代表最高的权威。在小说中也是如此，人间各国有统治者，阴间地府以阎罗王为首，天界神仙则听从玉皇大帝的命令。但滑稽的是，小说中每一界的最高统治者都或多或少被打上了"无能"的标记。在人间，车迟国国王宠信妖怪，比丘国国王将小儿心肝当作药引，这些国王不是昏君就是暴君。就连祭赛国有四夷朝贡都只是因为塔里的宝贝，而国内的情况是"文也不贤，武也不良，国君也不是有道"。在地府，阎罗王面对孙悟空强行勾销生死簿，毫无办法。

在天界，玉皇大帝更是昏聩无能，表面上高高在上，威严无比，却在孙悟空大闹天宫之际束手无策。

在其他微小的事件中，作者也采用现实主义手法进行了微妙的讽刺。比如地狱也要走后门，神佛也需要贿赂。小说中构建的天庭和地府，本应神圣庄严，却也隐藏着丑恶与腐败。在第十回中，地府判官因为收到了魏征的一封求情信，就私自修改了生死簿，让唐太宗成功还阳。第三十七回中写乌鸡国妖怪"官吏情熟，——都城隍常与他会酒，海龙王尽与他有亲；东岳天齐是他的好朋友，十代阎罗是他的异兄弟"。因此这般，乌鸡国国王无处投告。妖魔与神佛"沆瀣一气""同流合污"，这正是明朝统治阶级内部腐败的体现。就连到了西天，如来的弟子也是光明正大地索要钱财。在唐僧辛辛苦苦经历了种种磨难之后，他与真经之间的障碍居然来自真经的主人本身。唐僧一行到达大雷音寺时，阿傩、迦叶竟然公开索要"人事"，直言不讳地对唐僧说："有些甚么人事送我们？快拿出来，好传经与你去。"唐僧因为没有准备所谓的"人事"，便遭到了刁难，最后取到手的却是无字假经。如果说这是如来手下的小徒不懂事，想捞点私财还可以理解，但最让人不解的是如来竟如此纵容，还强词夺理地为之辩护，说："经不可轻传，亦不可以空取。向时众比丘圣僧下山，曾将此经在舍卫国赵长者家与他诵了一遍……只讨得他三斗三升米粒黄金回来。我还说他们忒卖贱了，教后代儿孙没钱使用。"这与如来佛祖普度众生的形象形成了剧烈的反差，且与坚守和宣扬的"四大皆空"的佛教教义也产生了冲突。作者在小说结尾使用了绝妙的讽刺。不难看出，当时社会行贿、受贿之风盛行，已经到了各处遍是的地步。

小说对宗教的讽刺着墨较多的还是道教，甚至到了故意贬低的地步。第二十六回中，孙悟空把福禄寿三星从蓬莱仙境请到五庄观——

> 　　那八戒见了寿星，近前扯住，笑道："你这肉头老儿，许久不见，还是这般脱洒，帽儿也不带个来。"遂把自家一个僧帽，扑的套在他头上，扑着手呵呵大笑道："好！好！好！真是'加冠进禄'也！"那寿星将帽子掼了，骂道："你这个夯货，老大不知高低！"八戒道："我不是夯货，你等真是奴才！"福星道："你倒是个夯货，反敢骂人是奴才！"八戒又笑道，"既不是人家奴才，好道叫做'添寿'、'添福'、'添禄'？"

　　在这里，身份高贵的福星、禄星与寿星受到了八戒无礼的嘲弄，竟也无法反驳，露尽丑态。八戒的戏谑之语却是话里有话，讽刺了当时追求功名利禄之徒。

　　而在描写敬道灭僧的车迟国时，不但极显了车迟国国王的昏庸无能，连带着也给了道教一番羞辱。车迟国敬道灭僧的原因是道士国师善于求雨保佑国家风调雨顺，国泰民安。这原本是一桩好事，奈何这些道士不过是会些妖法，实则仗势欺人，态度傲慢，祸害人间。因此文中写到孙悟空、猪八戒、沙僧在三清观推倒三个圣像时，还特意安排了猪八戒把这三个道教祖师的圣像扔进茅坑，并且口里嘟囔道——

> 　　"三清，三清，我说你听：远方到此，惯灭妖精。欲享供养，无处安宁。借你坐位，略略少停。你等坐久，也且暂下毛坑。你平日家受用无穷，做个清净道士；今日里不免享些秽物，也做个受臭气的天尊！"

　　可以说，作者是故意在此处借猪八戒之口亵渎道教神仙，此处滑稽的动作与语言中尽是辛辣的讽刺。关联当时的社会，明世宗在位时崇道，迷信道教方药与各种方术，希望以此求得长生不老。道士受到极大的宠幸，甚至到了玩弄权力、祸国殃民的地步，与文中车迟国的情况颇为相似。因此，此处对三个"神仙"的"大不敬"也是人们当时的内心反映。

此外，小说中有些细节之处，还对文人进行了讽刺。比如小说中有一处，猪八戒在吃东西的时候，因为十分嘴馋，吃起东西来狼吞虎咽，风卷残云，吃相极其难看，沙僧劝他"斯文"些，而猪八戒的反应是——

> 八戒着忙，急的叫将起来，说道："'斯文！''斯文！'肚里空空！"沙僧笑道："二哥，你不晓的。天下多少'斯文'，若论起肚子里来，正替你我一般哩。"

作者借这样细微的情节来讽刺当时社会上很多不学无术的文人。由此可见，在小说中这些形象的刻画、情节的描绘也具有很强的现实意义，在一定程度上也是当时社会的一面镜子。

第四节

别具一格的环境描写

一、多样的自然环境

《西游记》中写到了众多神仙鬼怪与凡人，这些形象身处的环境各异，大致分来，玉皇大帝等神仙集中于天宫，观音居住在南海，如来佛祖在雷音古刹，妖怪集中于山上、水里与洞中，凡人则多在山庄、村舍与寺院。现就着墨较多的天宫、山水、山洞、寺院、村舍这几个部分来谈。

对天宫的描写主要在"上天做弼马温""大闹天宫"这两个故事中。天宫是神仙的聚集地。道教言"跳出三界外，不在五行中"者神仙也。神仙是得道之人，是与大道合真的圣人，动合无形、出有入无、不死不灭。在对天宫的描写中，常能看到"金光""瑞气""祥云""龙凤"以表祥瑞，"琉璃""宝玉""金碧"以表富丽，"名花""瑞草"以表长生，"琼浆""珍馐""异果"以表奢华。这些都是极佳的事物，符合神仙的身份。满堂金玉、龙肝凤髓，人间难得一见，也只有神仙才能享用，作者以此来显示富贵。

对山的描写在小说中占大部分，文字大同小异，以文中"好山"二字便可总结。《西游记》中对山的描写，重在突出山的高大、俊秀、绵远。如写平顶山："巍巍峻岭，削削尖峰。"写黄风岭："高的是山，峻的是岭；陡的是崖，深的是壑；响的是泉，鲜的是花。"写豹头山："龙脉悠长，地形远大……一起一伏远来龙，九曲九湾潜地脉。埂头相接玉华州，万古千秋兴胜处。"文中说"山高必有怪，岭峻却生精"，最贴切不过了，宝地方有灵气。灵气方能养精蓄锐，使物成精。但同样是写山，妖怪所存之地与神仙所居之处却略有区别，同样是"好山"，同样高大峻峭，但写仙山时更侧重写山的灵秀与祥瑞。如写镇元大仙的万寿山时，有"突突磷磷生瑞气"的石头；有象征着美好寓意的"红雾"与"祥云"；有祥瑞的动物，"龙吟虎啸，鹤舞猿啼。麋鹿从花出，青鸾对日鸣"；有五彩生气的植物，"绿的槐，斑的竹，青的松，依依千载斗秋华；白的李，红的桃，翠的柳，灼灼三春争艳丽"。连唐三藏都误以为此地离雷音寺不远。同样，在提及花果山时也出现过类似的描写，其中也写了凤、麒麟、锦鸡、龙、鹿、松柏、桃树、竹、藤萝等动植物，这些事物在中国文化中都具有美好的象征意义，如"鹿"象征着"禄"，"桃"象征着"寿"。凤、麒麟和龙这些虚构的祥瑞动物更具有特殊的象征意义，它们体现好生之德，是太平、吉祥的瑞兆。这些美好事物的运用营造了祥和的氛围，展现了花果山的生机与活力。并且在对二山的描写中各自出现了一副对联，写花果山是"花果山福地，水帘洞洞天"，写万寿山是"万寿山福地，五庄观洞天"。写"灵台方寸山"也如出一辙。

在写与妖怪有关的山峰时，则侧重险峻，山中所生动植物也与仙山不同。如写平顶山——

往上看，峦头突兀透青霄；回眼观，壑下深沉邻碧落。上高来，似梯似凳；下低行，如堑如坑。真个是古怪巅峰岭，果然是连尖削壁崖。

写出山高的同时也体现了山的险，让人望而却步，心惊胆战，从山的形态就预示着即将有危险之事发生。写黄风岭——

> 又见些丫丫叉叉带角鹿，泥泥痴痴看人獐；盘盘曲曲红鳞蟒，耍耍顽顽白面猿。

写白虎岭——

> 峰岩重叠，涧壑湾环。虎狼成阵走，麂鹿作群行。无数獐犯钻簇簇，满山狐兔聚丛丛。千尺大蟒，万丈长蛇。大蟒喷愁雾，长蛇吐怪风。

尽是虎狼、獐犯、狐兔、蟒等动物，这些动物在中国文化中往往代表着凶残、狡诈与邪恶。而生于山上的植物也多是荆棘藤蔓之类，布满了毒刺。用这些词语构建出骇人的环境，暗示了这些山峰的险恶及山中妖怪的凶残。

写山往往与水相结合，俗称"风水宝地"，好山必有水来环。小说中写山，几乎都有山涧，山涧弯曲、幽深、清澈，一方面写出了"钟灵毓秀"，小说中僧道、妖精或动植物都得到了这些藏风、聚气之福地的庇护；另一方面也"以其境过清"，"凄神寒骨，悄怆幽邃"。此外，还有一类妖怪生活在水中，这里就着重对水进行描写。如写黑水河，就是一幅黑水滔天、寸草不生、不见人影的景象。"层层浓浪，叠叠浑波。层层浓浪翻乌潦，叠叠浑波卷黑油。近观不照人身影，远望难寻树木形。滚滚一地墨，滔滔千里灰。水沫浮来如积炭，浪花飘起似翻煤……"一连使用乌潦、黑油、墨、灰、炭、煤等多个喻体，形象极致。写通天河，就是泅浪滚滚、一望无边。可见，作者对于水的描写也是极力贴合妖怪的险恶，并且各有特点，使人印象深刻。在中国传统文化中就有"智者乐水，仁者乐山"的理念，因此在文学创作中注重描绘山水是传统文人的一贯思维。

山洞则是妖怪的住所，文中所涉山洞也不在少数。综合来看，皆有青松翠竹掩映，清脆山涧穿流，茂密藤蔓缠绕，妖狐狡兔穿梭，既有生气，又显阴冷，也不失凶险。这样的山洞仿佛很适合妖怪修炼。

寺院则是佛家圣地，写普通寺院是——

> 层层殿阁，叠叠廊房。三山门外，巍巍万道彩云遮；五福堂前，艳艳千条红雾绕。两路松篁，一林桧柏……

写大雷音寺是——

> 瑞霭漫天竺，虹光拥世尊。西方称第一，无相法王门。常见玄猿献果，麋鹿衔花；青鸾舞，彩凤鸣；灵龟捧寿，仙鹤嗛芝。安享净土祇园，受用龙宫法界……

无论是何种寺院，都有一种庄严、祥和之气。用词也较有宗教意味，各种事物在佛教中也具有特别的意义。有些地方还写到香烛、八宝幡、金佛、油灯、磬等器物，彰显了浓烈的佛教氛围。《西游记》写的是佛家子弟取得真经的故事，因此在写到寺院时或突出了佛祖的巍巍功德，或表现了出家之人虔诚的信仰。

村舍将师徒四人与凡人联系起来，山高路远，途遇村庄总要化些斋饭，解决温饱。文中对村舍的描写也大多相似，以两处为例——

竹篱密密，茅屋重重。参天野树迎门，曲水溪桥映户。道旁杨柳绿依依，园内花开香馥馥。此时那夕照沉西，处处山林喧鸟雀；晚烟出爨，条条道径转牛羊。又见那食饱鸡豚眠屋角，醉酣邻叟唱歌来。

野花盈径，杂树遮扉。远岸流山水，平畦种麦葵。蒹葭露润轻鸥宿，杨柳风微倦鸟栖。青柏间松争翠碧，红蓉映蓼斗芳菲。村犬吠，晚鸡啼，牛羊食饱牧童归。爨烟结雾黄粱熟，正是山家入暮时。

上例写出了田园风光的美好，乡村生活的静谧，一派安详平静之气。与陶渊明《归园田居》中幽静的农村生活颇为相似，"榆柳荫后檐，桃李罗堂前。暧暧远人村，依依墟里烟。狗吠深巷中，鸡鸣桑树颠"。这也与朴实善良的劳动农民相照应，途中寻常人家都是非常大方地拿出了自家的食物作为斋饭，并让师徒四人留宿。

从以上这些环境描写可以看出，作者大都采用对仗形式，以非常书面娟秀甚至华丽的语言构造了一幅幅色彩鲜明的画面。同时，在写法上虚实结合，在实际存在的基础上加上自己丰富的想象，创造了一个个别开生面的世界。又以近处视角居多，描绘细腻，使人身临其境。在内容上，环境描写又与人物、事件相互贴合，引人入境，感文中人物之所感。

二、分明的四季风物

《西游记》中除了有对人物所居之处、所经之地的描写外，还有非常分明的有关四季变换的描写。并且每一季节又被划分得十分细致，有早春、新春、三春、春尽夏初、朱明、夏尽秋初、三秋、深秋、初冬、深冬等。每一季都有对应的胜景。春天草长莺飞，姹紫嫣红；夏季树木丛生，百草丰茂；秋季西风瑟瑟，落叶缱绻；冬天白雪皑皑，冰冻三尺。更有同一季节不同时期细微的生物变化，以诗或词的形式，将每个季节典型的意象铺陈开来，形成一幅幅风光无限的四季图画。下面各举一例。

三春景候——

> 轻风吹柳绿如丝，佳景最堪题。时催鸟语暖烘烘，花发，遍地芳菲。　　海棠庭院来双燕，正是赏春时。红尘紫陌，绮罗弦管，斗草传卮。

朱明时节——

> 熏风时送野兰香，濯雨才晴新竹凉。艾叶满山无客采，蒲花盈涧自争芳。海榴娇艳游蜂喜，溪柳阴浓黄雀狂。长路那能包角黍，龙舟应吊汨罗江。

深秋之候——

> 水痕收，山骨瘦。红叶纷飞，黄花时候。霜晴觉夜长，月白穿窗透。家家烟火夕阳多，处处湖光寒水溜。白蘋香，红蓼茂。橘绿橙黄，柳衰谷秀。荒村雁落碎芦花，野店鸡声收菽豆。

早值冬天——

> 岭梅将破玉，池水渐成冰。红叶俱飘落，青松色更新。淡云飞欲雪，枯草伏山平。满目寒光迥，阴阴透骨泠。

作者竭尽所能写尽四季风貌，文笔、意境不差经典诗词分毫。

《西游记》中没有明确的时间标志词，时间的流转尽在景物描写当中。春夏秋冬在取经途中频繁更替，让人感觉光阴飞逝。冬去春来，周而复始，时间在不停流逝。师徒四人在取经途中经历了无数个春夏秋冬，这也足以证明去西天的路途遥远，历时漫长。而这一路上又经过众多的地区与国度，每一处的风光各有特色，不尽相同。他们历遍了青山绿水，看尽了野草闲花。因此，四季风物分明而且在小说中自然"流淌"。

四季的物候总对应着人的心境。《乐记》中说："人心之动，物使之然也。"①意思是外物使人内心的情意活动起来。那又是什么东西能让外物动起来呢？《诗品》云："气之动物，物之感人，故摇荡性情，形诸舞咏。"②这种能让物动，从而引起内心感动的是"气"。那"气"又是什么呢？古人认为，宇宙间存在着阴阳二气，是它们的运行才产生了天地万物和四时晨昏。譬如：夏天阳气最盛，所以草木茂盛。但盛到极点就开始衰落，阴气渐生，慢慢到了秋天和冬天。秋冬之际阴气最重，因而草木衰败。阴到极点又转为阳，阳生而万物长，所以春天就会百花齐放。由于四季的冷暖不同，自然景色也不同，人的内心也就随着这些变化而感动。春天草木的萌发让人联想到美好，所以让人产生喜欢的心理；秋天草木的凋零让人联想到生命的衰老与终结，因此会让人感到忧愁和悲伤。

在《西游记》中，春光烂漫时，师徒四人总是游山玩水，赏花折柳，信步踏青，心情是愉悦轻快的。这也在一路遇难打怪的紧张节奏中起了舒缓的作用。此外，在九九八十一难中，大多数的妖怪都是为了吃唐僧肉以求长生不老，只有为数不多的女妖想要留下唐僧做自己的丈夫，并且是真的产生了情感。而这些故事恰好都发生在

---

① 《语文新课标必读丛书》编委会编《礼记》，西安交通大学出版社 2013 年第 1 版，第 151 页。

② 钟嵘著，周振甫译注《诗品译注》，中华书局 1998 年第 1 版，第 15 页。

春天，也暗示春季促进着人情感的萌发。在取经开端处，众僧送别唐僧正是那季秋天气，"数村木落芦花碎，几树枫杨红叶坠。路途烟雨故人稀，黄菊丽，山骨细，水寒荷破人憔悴。　白蘋红蓼霜天雪，落霞孤鹜长空坠。依稀黯淡野云飞，玄鸟去，宾鸿至，嘹嘹呖呖声宵碎"。众僧噙泪而返，三藏孤寂前行。景衬人情，景事相映，也都恰到好处。

在行文关键之处，描写的季节也与师徒四人当时身处的情境形成了矛盾，为故事情节的发展设置了悬念，引起了读者的兴趣。如师徒四人来到火焰山时，已经过了夏日炎天，正值三秋霜景。此时的景象是"薄云断绝西风紧，鹤鸣远岫霜林锦。光景正苍凉，山长水更长。

征鸿来北塞，玄鸟归南陌。客路怯孤单，衲衣容易寒"。但他们所行之处，却热气逼人，相互矛盾。矛盾推动着文中人物以及读者往前寻找答案，故事也就自然生成了。

三、环境描写的功能

《西游记》中的环境描写大致有这几种功能：暗示人物身份，渲染气氛，烘托人物心情，串联故事情节。

其中，暗示人物身份与渲染气氛可以放在一起来谈。小说自孙悟空出世写起，开篇对花果山的描写就充满了勃勃生机，暗示了石猴来历不凡，为石猴的诞生做铺垫，又预示石猴以后非凡的经历。而后的际遇也都各有一处特别的环境描写在先。如对三星洞的环境描写——

> 烟霞散彩，日月摇光。千株老柏，万节修篁……时闻仙鹤唳，每见凤凰翔。仙鹤唳时，声振九皋霄汉远；凤凰翔起，翎毛五色彩云光。玄猿白鹿随隐见，金狮玉象任行藏。细观灵福地，真个赛天堂！

这段描写中有金狮、玉象等宗教瑞兽，彰显出浓厚的宗教氛围。这种宗教氛围和下文出场人物的身份是一致的。三星洞是菩提祖师所在之处，石猴就是在这里向菩提祖师拜师求艺的。在其他处，遇妖前对山峰的描写都营造了阴森、恐怖的氛围，令人胆寒，令人望而生畏。遇仙则是相反，祥瑞之光熠熠生辉，使人心生敬意。

环境描写在烘托人物心情方面的作用也颇为明显。唐僧初出长安，遭遇第一场灾难被太白金星解救后，心神未定，便又要独自继续上路。唐僧本就是胆小懦弱之人，一人行于崇山峻岭间，朝着不知何日才能到达的西天的方向前进，更显孤寂可怜。一人一马——

> 独自个孤孤凄凄，往前苦进。这岭上，真个是：寒飒飒雨林风，响潺潺涧下水。香馥馥野花开，密丛丛乱石磊。闹嚷嚷鹿与猿，一队队獐和麂。喧杂杂鸟声多，静悄悄人事靡。那长老，战兢兢心不宁；这马儿，力怯怯蹄难举。

如此景象，就将唐僧的内心以显性的方式外化了。唐僧此行，山高路远，去国难免怀乡，文中也将唐僧的思乡心绪与景物很好地结合在了一起。比如在第八十回中，写到——

　　那山：云雾笼峰顶，潺湲涌涧中。百花香满路，万树密丛丛。梅青李白，柳绿桃红。杜鹃啼处春将暮，紫燕呢喃社已终。嵯峨石，翠盖松。崎岖岭道，突兀玲珑。削壁悬崖峻，薜萝草木秋。千岩竞秀如排戟，万壑争流远浪洪。老师父缓观山景，忽闻啼鸟之声，又起思乡之念。

　　唐僧看遍千山，觉其离乡多日，不知何时才能到达西天取经之处，更不知何时才能衣锦还乡，顿觉伤感。而且东土大唐是个富足繁华之地，处处鸟语花香，即使所经之地风光甚好，也比不上家乡之景，由此及彼，深化了思乡之情。

　　小说中有的环境描写承上启下，串联起了故事情节。在这里可列举花果山一例。小说中有三次对花果山的细致描写，分别对应着孙悟空的出生、离去又归来、然后再离去。孙悟空出生之时，花果山是个集天地之灵气、日月之精华的宝地。前文多次提及，便不再赘述。孙悟空"三打白骨精"后被唐僧赶走，再次回到花果山，此时的花果山一片破败之景。那山上花草俱无，烟霞尽绝；峰岩倒塌，林树焦枯——

　　满天霞雾皆消荡，遍地风云尽散稀。东岭不闻斑虎啸，西山那见白猿啼。北溪狐兔无踪迹，南谷獐犯没影遗。青石烧成千块土，碧沙化作一堆泥。洞外乔松皆倚倒，崖前翠柏尽稀少。椿杉槐桧栗檀焦，桃杏李梅梨枣了。柘绝桑无怎养蚕？柳稀竹少难栖鸟。峰头巧石化为尘，洞底泉干都是草。崖前土黑没芝兰，路畔泥红藤薜攀。往日飞禽飞那处？当时走兽走何山？

　　原来是因为出生于花果山石头中非凡的孙悟空大闹天宫，被压在五指山下后，二郎神率领梅山七兄弟，放火烧了此山。大圣的离去让山上毫无生气，猴子猴孙们也无人保护，遭人欺压。大圣回去后，打杀了妖精，结果了猎户，重修了花果山，复整了水帘洞。猪八戒因师父遇难去花果山寻求孙悟空的帮助时，眼前也不再是那番颓败的景象，而是——

> 青如削翠，高似摩云。周围有虎踞龙蟠，四面多猿啼鹤唳。朝出云封山顶，暮观日挂林间。流水潺潺鸣玉珮，洞泉滴滴奏瑶琴。山前有崖峰峭壁，山后有花木秾华。上连玉女洗头盆，下接天河分派水。乾坤结秀赛蓬莱，清浊育成真洞府。丹青妙笔画时难，仙子天机描不就。玲珑怪石石玲珑，玲珑结彩岭头峰。日影动千条紫艳，瑞气摇万道红霞。洞天福地人间有，遍山新树与新花。

一切如初，欣欣向荣。孙悟空复又离开，临走前对众猴交代——

> "你们却都要仔细看守家业，依时插柳栽松，毋得废坠。"

花果山环境的变化串联起了几个故事情节，是文中不可或缺的一部分。

综上所述，《西游记》中的环境描写与小说的内容关系密切，不可分割，不是为增华丽之辞而设的。

第三部分

研读指导

第一节

有深度的阅读

一、任务一：人物连连看

(一)任务内容

小说有三要素——人物、情节、环境。人物无疑是其中最为重要的，可以称得上是小说的骨架。优秀的小说作品中，一定会有一个或多个特点鲜明并让人记忆犹新的人物。分析小说的人物形象要把人物置于情节和环境之中，并且综合各方面因素进行考量，不能仅仅用几个词语就概括了人物的特点，同时，在进行人物分析时还需一分为二。

(二)任务要求

聚焦某一个人物，根据小说中相关的情节及人物关系，综合考虑，为人物制作一张卡片。

(三)思路引导

一分为二，分析人物形象。

孙悟空无疑是《西游记》中出场率最高的人物，他的性格特点也最为鲜明。初来人世的孙悟空虽然无亲无故，但从一出场，作者就赋予了他桀骜不驯的性格。轰轰烈烈的出场，在花果山称王，而后求仙问道，上天入地，后自封齐天大圣，其后大闹天宫，这些无不表现出他的与众不同。我们一直说的孙悟空的反抗精神也体现在方方面面。

当然，在分析任何人物时，我们都要辩证地来看。有人说孙悟空勤勤恳恳，从某些方面可以这么说，比如在拜师学艺的过程中，他的表现确实体现出勤奋好学；在天庭做官时，他的表现也确实能体现出"敬业"。但在看这个问题时，我们还要结合人物的目的。孙悟空真的是为工作勤恳吗？事实可能并不是这样的。孙悟空的这份勤恳更多的是为了谋求更好的社会地位，也可以理解成想要借此高人一等。为什么这么说呢？如果一个人真的足够踏实认真，他会在得知弼马温只是个不入流的小角色时愤然离开吗？在遭遇强权压迫时，他说出的"皇帝轮流做，明年到我家"，也不只体现了其反抗精神，还体现出他对社会地位的追求及对不平等社会地位的抗争。

对于猪八戒来说，好吃懒做、贪财好色是他的标签。猪八戒好吃懒做、贪恋美色，在盘丝洞等地他被妖怪迷惑，难分敌我，为取经制造了不小的麻烦。他还胆小怕事，遇到困难经常打退堂鼓，意志不够坚定。但对于吃，他却从不懈怠。西行一路，猪八戒最为挂念的就是吃。有斋饭吃，他便高兴，不然就回去吵吵闹闹。当他看到寇员外家的饭菜时，便一碗一碗地吃了起来，七八个仆人上菜的速度都跟不上他。但猪八戒的贪吃是贪，并不是挑。高太公就说他"食肠却又甚大：一顿要吃三五斗米饭；早间点心，也得百十个烧饼才彀。喜得还吃斋素"。猪八戒的原型为猪，其食量大自然可以理解。猪八戒还贪财，在乌鸡国，为了救出乌鸡国国王，需到井下把其背出来，这事自然谁也不愿意去做，但悟空以有宝贝来骗猪八戒，八戒听闻便欣然接受了。第九十四回，天竺国公主抛绣球选中唐僧为驸马，国王取出黄金十锭、白金二十锭作为聘礼，八戒便迫不及待去接了；第七十六回，孙悟空假冒勾司人要八戒性命，八戒竟然拿出了自己藏在耳朵眼儿里的私房钱。虽是贪财，但他的贪用自己的话说，是从"牙齿上刮下来的"，他并不会因财而动邪念，也从不巧取豪夺，只是视钱的分量更重一些。当然我们也应该看到，西行途中大部分时间挑着"四片苗藤蓑，长短八条绳。又要防阴雨，毡包三四层。扁担还愁滑，两头钉上钉"重担的，正是猪八戒。在高老庄，八戒也做了几年地道的庄稼汉，他能被招为女婿也正是因为他的劳动本领。所以我们分析人物时，不能以偏概全。

(四)成果示例

唐三藏(玄奘)	
人物特点	优：坚持不懈，顽强
	劣：过分善良，不辨是非
宝物	九环锡杖、锦襕袈裟、紫金钵盂

教师点评：

执着的追求和顽强的毅力无疑是唐僧重要的性格特点。唐僧在西行的路上绝不会因为前路艰险而停下脚步，更不会因为凡心私欲而半途而废。无论前方的路有多凶险，他都凭借着无人能比的毅力前行，可以说，取得真经是他一生最大的追求，这种目标使他拥有信念。严于律己也是唐僧的代名词，出家人忌贪嗔痴恨爱恶欲，可以说这些问题在唐僧身上都没有体现。刘伯钦家中没有素斋，唐僧果断说自己是吃素食长大的，如果没有素斋，就是饿上三五日也绝不沾一点儿荤破了斋戒。在第二十三回，四圣变作凡人去试探唐僧的禅心，可无论如何，唐僧都没有动摇，可见七情六欲对他完全没有影响。但唐僧也有很明显的弱点，首先，他胆小懦弱，在第十三回，唐僧因为见了一只老虎而吓得身子动也不敢动，可以想象当时唐僧惊恐的表情。在取经途中，唐僧遇到险山恶水后面容失色，遇到妖魔鬼怪后跪地求饶的事也时常出现。其次，他过分善良，有时这种善良就显得不明事理了。在第二十七回中，悟空摘桃未归。女妖精化成凡人给唐僧斋饭，师徒三人还以为是女菩萨来给予帮助，待悟空赶回，一眼就识破了妖精的诡计，这时唐僧宁可相信妖怪的谎话，也不相信孙悟空的火眼金睛，竟然说出悟空平白无故伤人、不让孙悟空做他徒弟这种话。当妖精第三次来时，又被悟空识破了，唐僧依然不相信，竟将悟空赶走了。由此看来，这位同学制作的人物卡片能够从多角度、多方面分析人物的特点。

（五）能力提升

《西游记》中除了主要人物，还有很多有意思的小人物，我们可以通过阅读更多的内容来了解他们，为他们制作人物卡片。比如《西游记》中有一个本领高强的狮子精——"九灵元圣"。"九"在古代代表一种最高等级，从数字上我们就能看出这只狮子不简单。他虽然没有法宝和兵器，但是他有九个头，这就令人惧怕。九灵元圣下界为妖后收了个干孙——黄狮精，这只狮子非常有意思。黄狮精偷了悟空、八戒和沙僧的武器，然后设宴显摆，这宴竟然名为"钉钯会"。他把钉钯高高供奉在上，把金箍棒和降妖杖放在一边，认为九尺钉钯是这些武器中的至宝。为了宴会，他还派两个小妖去买肉，妖精吃肉竟然要去买？这也未免有些好笑。接下来孙悟空和猪八戒变化成的小妖竟带着沙僧变化成的卖肉小贩，回来找黄狮精要钱。别说是强大的黄狮精，就算是一个普通的妖精恐怕都要出手打人了，可结果，妖王听说后，竟然取了五两银子打发卖肉小贩离开。随后悟空又表示，路途遥远饥肠辘辘，欲留小贩在此蹭一顿饭吃，结果黄狮精又同意了，他们连坑带拿还蹭了顿饭。这些桥段无疑都为这个妖怪贴上了搞笑的标签。

《西游记》中除了主要人物之外，其中的很多小人物即使只出现了一个回目，也值得我们仔细地阅读为他们做出一张人物卡片。我们不仅可以将卡片分享给其他同学，也可以为自己的深度阅读积累材料。

二、任务二：困难再现
——重制通关文牒

（一）任务内容

概括情节应该算是中学阅读的一项基本功，我们在做阅读练习时经常会遇到这类题目。但概括记叙文的内容与概括小说的内容差别较大。小说篇幅一般较长，情节和人物之间又有密不可分的关系，所以我们在概括情节时需要遵循全面的原则，把情节、环境、人物联系到一起，综合地进行概括。

（二）任务要求

聚焦某一情节，根据小说相关内容重制通关文牒。在设计通关文牒内容时，可以从环境、人物、情节等方面展开，如遇情节与他处有相似之处或人物在不同章节多次出现时，应该把相关内容串联起来。

（三）思路引导

1. 背景资料：通关文牒是什么？

我们都知道，唐僧身上有几件宝物。第一件宝物名为九环锡杖，顾名思义，此宝物上有九个环，金光闪闪，相传它有降妖除魔、庇护自身的作用。第二件宝物是他身上穿的锦襕袈裟，袈裟非常华丽，上面还镶嵌着多种宝石，当年金池长老为了得到它不惜与妖怪联手烧毁寺院。据说它是佛门的至宝，穿上之后可以水火不侵，防身驱祟。第三件宝物便是唐王相赠的紫金钵盂，它的具体功能原著中并没有交代，不过在取经路上要靠它来讨斋。除紫金钵盂是日常使用的之外，另两件宝物的出场率极低。除这三件宝物外，还有一件也可称得上是至宝，而且每经过一个国家时，唐僧都会把它拿出来。你们一定猜到了，它就是唐僧随身携带的通关文牒。

为什么称通关文牒是一件宝物呢？唐僧每到一个国家，就会拿出它，让该国国王盖章放行，这一个小小的本子如何能有这样大的作用呢？我们不妨到书中寻找答案。唐僧师徒途经宝象国，在倒换通关文牒时有这样一段描述。唐僧给宝象国国王呈上了通关文牒，只见上面写道："南赡部洲大唐国奉天承运唐天子牒行：切惟朕以凉德，嗣续丕基，事神治民，临深履薄，朝夕是惕。前者，失救泾河老龙，获谴于我皇皇后帝……"文牒上接下来的内容是唐王李世民交代了让唐三藏去西天取经的原因，以及去西天取经后的好处："可度幽亡，超脱孤魂。"

文牒的最后写了唐王李世民对西方各国的要求："倘到西邦诸国，不灭善缘，照牒放行。须至牒者。"最后是落款日期"大唐贞观一十三年，秋吉日"。贞观年间，唐太宗李世民当政，他在位期间，国家政治清明，经济复苏，文化繁荣，对周边国家的影响也极大。唐朝在当时可谓名副其实的大国、强国。如此强盛的国家，君主为一位僧人配发通关文牒，还附上了这样一席话，试问途经的国家谁敢不予放行？所以说，通关文牒确实可称得上唐僧身上的另一件宝物。

2. 注意事项

在制作通关文牒时，大家一定要注意两点。第一，经过的国家和地区一定要严格按照书中的途经顺序去记录。第二，在记录唐僧一行在某个国家的经历时应尽量详尽。遵循这两点进行制作，在通关文牒制作完成后，如你需要查阅相关内容，便能够轻易地找到相应的国家，并且回顾对应的事件了。

（四）成果示例

北京市第八十中学八年级15班　某学生

宝象国概述

猛抬头，只见一座好城，就是宝象国。真好个处所也：云渺渺，路迢迢；地虽千里外，景物一般饶。瑞霭祥烟笼罩，清风明月招摇。律律崒崒的远山，大开图画；潺潺溅溅的流水，碎溅琼瑶。可耕的连阡带陌，足食的密蕙新苗。渔钓的几家三涧曲，樵采的一担两峰椒。廊的廊，城的城，金汤巩固；家的家，户的户，只斗逍遥。九重的高阁如殿宇，万丈的层台似锦标。也有那太极殿、华盖殿、烧香殿、观文殿、宣政殿、延英殿：一殿殿的玉陛金阶，摆列着文冠武弁；也有那大明宫、昭阳宫、长乐宫、华清宫、建章宫、未央宫：一宫宫的钟鼓管篱，撒抹了闺怨春愁。也有禁苑的，露花匀嫩脸；也有御沟的，风柳舞纤腰。通衢上，也有个顶冠束带的，盛仪容，乘五马；幽僻中，也有个持弓挟矢的，拨云雾，贯双雕。花柳的巷，管弦的楼，春风不让洛阳桥。取经的长老，回首大唐肝胆裂；伴师的徒弟，息肩小驿梦魂消。看不尽宝象国的景致。

宝象国遇险经过

悟空三打白骨精后，被唐僧赶回花果山。与此同时，唐僧误入波月洞，被黄袍怪捉住，在黄袍怪夫人的帮助下逃脱。黄袍怪夫人托唐僧给宝象国国王带信前来搭救。八戒和沙僧在与黄袍怪交手后均败下阵来，唐僧也被黄袍怪变成老虎。八戒前往花果山智激美猴王，悟空下山，唐僧得以脱难。

重点人物

黄袍怪：住在波月洞。原是天界奎木狼，武艺高强，因为和披香殿侍香的玉女相爱，下界占山为怪，后掳来托生为宝象国公主百花羞的玉女，与之夫妻十三载。

关联：黄袍怪原为天界的奎木狼，是二十八星宿之一，在唐僧小雷音寺遇险及三僧大战青龙山中，改邪归正的他又再次出现，助唐僧师徒脱险。

百花羞公主：本是披香殿侍香的玉女，爱慕奎木狼。下界后托生为宝象国公主百花羞，失去了前世记忆。某年中秋之夜，百花羞公主赏月时被黄袍怪掳走做妻。后唐僧误入妖洞被捉，百花羞公主帮助唐僧离开，并托他给宝象国国王送信。

相关情节

前因：三打白骨精后，孙悟空被赶回花果山，导致唐僧被擒。

经过：八戒、沙僧不敌黄袍怪，唐僧被变为老虎困于笼中。

结果：八戒智激美猴王，悟空请神仙收服黄袍怪。唐僧恢复原身并与孙悟空和好。

教师点评：

这一宝象国的通关文牒非常全面，从环境、人物、情节等方面铺开，同时还将奎木狼在后面再次出场的情节与这一次相连。大家在制作通关文牒时可以从不同方面进行展开，毕竟每个地方的情况都不尽相同。比如狮驼国，这个国家极为特殊，是一个"妖精国"。大鹏金翅雕、青毛狮子、白象三个妖怪都有很深的背景，大家在这里可以详细查找资料。同时，在此部分还出现了一件超级法宝——阴阳二气瓶。虽然不知这阴阳二气瓶的由来，但它乃阴阳二气之宝，内有七宝八卦，二十四气，据说要三十六人以天罡之数，才能抬动。此宝能装人，人在其中，若不言语，瓶内极是阴凉，一旦说话，就有火烧来，一时三刻后，人便化为脓血。按照三怪的说法，一旦进入此瓶，孙悟空就再也别想出来了，定会一命呜呼。虽然孙悟空有避火诀，但是，避火诀又对付不了四周钻出的几十条蛇。瓶内还会冲出三条火龙，上下盘绕，令孙悟空束手无策，唯恐被弄得火气攻心。最终孙悟空只能一次性使用了观音赐予的三根救命毫毛变作金刚钻、竹片、绵绳，将此瓶钻了一个洞，才逃脱出来。

不同的国家有不同的情况，大家要抓住本部分最突出的内容进行分类并展开，这样才能整理出生动有趣且特点鲜明的通关文牒。

三、点面结合，以线画圆

（一）任务内容

在本节的前两部分中，我们从人物和情节两个方面入手，通过完成任务的方式，更深入地了解了《西游记》。我们学会了人物分析的方法，能够一分为二，从多角度多方面审视一个人物。我们还学会了综合情节和环境，为《西游记》制作通关文牒。当我们把前两项任务结合起来时，我们就可以完成更有趣的任务了！

（二）任务要求

自选《西游记》中的人物，为他设计制作朋友圈。

注意事项：

1. 朋友圈的内容可以是纯文字，也可以图片、表情与文字相结合。

2. 朋友圈的内容必须符合人物的特点、说话方式、特定的情境，不可脱离文本臆想。

（三）思路引导

微信朋友圈大家一定都不陌生，每个人几乎都在经营着自己的朋友圈。我们可以通过朋友圈发表文字和图片，分享自己的所见所闻，或是抒发自己的情感。在观看他人的朋友圈时，我们还可以对好友发布的内容进行点赞或评论。关于微信朋友圈的用法相信大家都很熟悉。我们接下来就结合前两部分内容，综合人物和情节，为他们发布一些有趣的朋友圈信息。

要想完成这项任务，需要准备很多。为《西游记》中的人物设计朋友圈可不是一场简单的小游戏，需要结合之前制作的人物卡片及通关文牒等，综合情境和人物状态，考虑他们当时的情感，然后再发表恰当的内容。可以说，如果你能设计出让大家都认同的内容，那说明你真正做到了有深度的阅读。

（四）成果示例

示例1：车迟国三妖

图4 虎力国师"朋友圈"

教师点评：

车迟国斗法这一回非常有趣，它不同于《西游记》中常规的情节。《西游记》中大致的套路就是"唐僧被抓—孙悟空找妖怪要人—打不过去求助—最后剿灭或收服"。而这一回中采用了斗法的形式，极为有趣。车迟国三妖也与其他大部分妖怪不同，《西游记》中的大部分妖怪都是吃人啃骨，做不善之事，而他们却保佑车迟国风调雨顺，百姓安好。连年干旱的情况因虎力国师求雨而改变，他最终当上国师也属正常。但他们敬道灭僧的思想最终导致了他们的灭亡。这名同学设计的是在虎力国师求雨不成，孙悟空一方上台求雨时，虎力国师发的一条朋友圈信息。当他自己求雨不成，唐僧前去求雨时他怎么想？我们要知道，这虎力国师求雨可不是忽悠，他是有真本事的，他修炼的五雷法是正道之法，在悟空上天询问时，天君都说道："那道士五雷法是个真的。

他发了文书，烧了文檄，惊动玉帝，玉帝掷下旨意……我等奉旨前来，助雷电下雨。"可见求雨一事玉帝都要给虎力国师一些面子，当他求雨不成时，心中做何感想？他自然想的是，我这么大面子，都降不下雨，肯定是负责降雨的神仙不在家，我不成谁也求不来这雨。加之悟空、八戒、沙僧先前在三清观作乱一事，虎力国师对他们可以说是恨得咬牙切齿。这更是情有可原了，"三清"在道教的地位极高，侮辱三清对这三个修道的妖怪的信仰进行了挑衅。结合这两点，这名同学设计的台词是"这该死的猴子，自不量力！还敢班门弄斧，再过几分钟等他们求不来雨，我立马让陛下宰了他们！"合情合理，思路清晰。

示例 2：外交官——太白金星

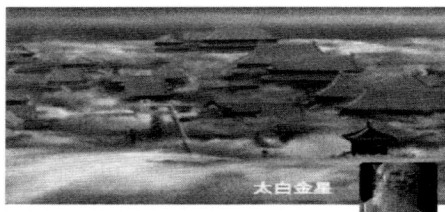

太白金星
大圣啊大圣，你这一闹，我……我又该怎么办啊？
1分钟前

图 5　太白金星"朋友圈"

教师点评：

太白金星是一个有趣的人物。太白金星的地位其实仅次于道教的"三清"，但是在《西游记》中，他没有什么厉害的法宝，也没有童子，可以算是朴实的代表了。纵然如此，他却是一位卓越的"外交官"。对孙悟空的招安意见就是太白金星首先提出的；猪八戒调戏嫦娥要被判死刑时，太白金星出来求情。可以说他极善言辞。在第一次招安孙悟空时，玉帝道："那路神将下界收伏？"太白金星就说，孙悟空乃天地之灵猴，既然是灵猴，就能够修道成仙，既然众生平等，那我们就招安他吧。可见他不但善言辞，而且能够一视同仁。天庭中其他人都管孙悟空叫猢狲，太白金星则一直以大王、大圣称呼他，这也就使得第一次招安非常顺利。他到花果山后首先表明自己是奉玉帝旨意，乃天差，然后请大王上天，既表明来意，又表示出尊敬。在第八十三回中，李靖的干女儿老鼠精作怪，孙悟空来李靖处大闹，不依不饶，李靖完全没有办法，这时候前来调解的又是太白金星。这时太白金星是怎么处理这个问题的呢？太白金星表示，天上一日，下界一年，你若再在这里耽误时间，别说是救你师父了，小和尚恐怕都生下来了。这就抓住了悟空的心理，孙悟空最惦记师父了，前来大闹也是为了师父，若是再这么闹下去，师父有难，这大闹又有什么意义呢？随即，孙悟空便走了，李靖也算解围了。这名同学设计的是太白金星在前往李靖处的途中在朋友圈里发的一条信息，他说道："大圣啊大圣，你这一闹，我……我又该怎么办啊？"这一设计也表达了太白金星的心理状态。

第二节

有创意的写作

一、如何创作文学评论

（一）为什么要尝试进行评论性写作？

文学评论是运用文学理论研究、探讨文学发展规律，指导文学创作的一种实践。文学评论包括诗歌评论、小说评论、戏剧影视评论等多方面，可以将它们结合起来进行综合评论。

进入中学阶段，在阅读名著后若仅能够创作简单的读后感，是不够的。文学评论其实也是一种读后感，只不过这种读后感更专业，是理论和分析的结合，是理性与感性的结合，是一种超越读后感的创作。

创作文学评论首先要对作品有深入的分析，在分析中形成自己对作品的评价。如果说读后感更多的是在介绍作品"是这样"，那文学评论就需要谈作品"为什么是这样"，这无疑是一种更高的层次。

（二）如何创作文学评论？

创作文学评论大致有以下三个步骤：阅读—定题—创作。

1. 阅读

阅读是进行创作的基础。在这里，我们重点了解如何阅读一部小说。众所周知，小说的三要素是情节、人物、环境。我们应该从这三方面入手进行阅读。

（1）把握小说的故事情节

小说的情节一般都跌宕起伏，在阅读时，准确把握故事情节，进而了解小说情节安排的特点和作用是极为重要的。巧妙的构思可以表现在新颖、独特、有悬念、含蓄曲折等方面。所以阅读小说时，分析层次，梳理情节，是一个突破口。小说的情节一般分为开端、发展、高潮、结局，有些作品还有序幕和尾声。在作品中，情节的安排取决于作者的艺术构思，有的有着完整的开端、发展、高潮和结局，有的把高潮安排在结尾。了解小说的情节后，我们也不能忘记，不论故事情节如何安排，情节的发展都是为塑造人物服务的，人物才是小说的核心。

（2）分析小说的人物形象

小说塑造典型人物形象的方法分为直接描写和间接描写。在故事的发展过程中，人物的语言、行动、肖像、心理活动等均能表现人物的特征。我们在阅读小说的过程中要认清人物的身份、地位、职业等情况。在此基础上，小说在塑造人物形象时还运用多种描写方法，如外貌、神态、语言、动作、心理描写。我们在阅读时要特别关注一些个性鲜明、形象独特的人物。有时候还需要结合人物具体的身份、经历等因素去考虑人物特点。关于《西游记》中人物形象的分析在第二部分的第二节中有所介绍，但其中介绍的内容多是老师的阅读体验和分析，在创作文学评论前，学生还需要再仔细地进行阅读，独立分析人物的特点，为评论积累素材。

（3）分析环境，思考作用

在小说作品中，环境是人物性格形成的重要因素，也是人物成为某种形象的原因。分析小说中的环境时，一定要注意理解环境与人物的关系，继而发掘人物的思想。

小说中的环境分为自然环境和社会环境。

前文也介绍过，《西游记》中写了众多神仙鬼怪与凡人，这些形象身处的环境各异，大致分来，玉皇大帝等神仙集中于天宫，观音居住在南海，如来佛祖在雷音古刹，妖怪集中于山上、水里与洞中，凡人则多在山庄、村舍与寺院。众多的自然环境描写可以将人的特殊境遇、独特经历表现出来，让读者身临其境。自然环境的描写会依据情节发展的需要而发展变化，恰当的自然环境描写能够将人物的心情与小说的情节结合得更加紧密。

社会环境是事件发生和人物活动的社会条件，它影响着人物的思想、性格和人物对生活的理解，使人物对现实生活产生不同的态度。在《西游记》创作之时，社会上崇信道教，好神仙之术，一心只求长生不老，希望一步登天者比比皆是，封建的社会制度、日益加深的社会危机影响着《西游记》的人物、情节。

2. 定题

定题就是在阅读后、创作前先要确定评论的中心。大家千万不要小看这一步，定题如果出现问题，会使得创作过程荆棘遍地，异常艰难。

初创作时，定题往往会出现许多问题，其中一种就是无的放矢。自己没有明确的目标，也没有独立进行思考，就进行评论，这种评论往往开始容易，越到中间越困难，最终导致无法推进下去。另一个问题是想要面面俱到，却最终面面不及。所谓"贪多嚼不烂"，创作也是如此，所定题目过大过空都会导致分析不具体、以偏概全等问题的出现。比如《论西游记的特点》，这个题目就很难让人展开文学评论的创作，《西游记》的特点太多了，也太大了，人物各具特点，主题鲜明，描写精妙，从哪点入手呢？如果改为《西游记中各具特点的人物》，就会好下手了。只需要选取典型人物，结合阅读体验和搜集的资料逐一分析即可，必要时还可以运用对比等手法把人物联系起来进行分析。

同时，可以根据自己的专长或者爱好来独立定题。选择自己有研究、有心得的地方来评，扬长避短有助于初学者定题并创作。在对《西游记》这部小说进行评论时，可以先找到感兴趣的点，在进行重点阅读后再确定主题。当然，创新也是很重要的，写出自己对作品独到的见解，不但能避免雷同，而且能评出新高度，像人物形象、现实意义、叙事趣味等都是比较好的主题。

3. 创作

文学评论属于议论性体裁，具有议论文的特点；同时，又要兼具文学色彩。创作具有议论性的文章对于中学生来说比较困难。议论文与我们常见的记叙文有很大的区别，我们先来了解一下议论文的相关知识。

议论文，又叫说理文，是一种剖析事理、发表观点主张的文体。通过摆出事实来讲道理、辨是非，肯定正确或否定错误的观点或主张。通常，议论文由论点、论据、论证三部分构成。论点，顾名思义就是要论证的观点，也就是对于某个问题的主张和态度。论据，就是议论的根据，用事实或者道理作为议论的证据。在我们创作文学评论时，论据除了引用的资料，最重要的就是名著的原文了，从书中的内容出发，从原文的内容入手，做出合理的分析并阐述是非常重要的。论证，就是阐述自己的观点后，加以证明的方法。论证方法有很多，比如事实论证，运用具体事例，真实可信，增强文章说服力、权威性，让文章的道理浅显易懂。我们可以看这样一个片段：

元军攻入南宋首都临安，南宋将领文天祥组织武装力量坚决抵抗，失败被俘后，元朝的将军劝他投降，他写了一首诗，其中有两句是"人生自古谁无死，留取丹心照汗青"。意思是人总是要死的，就看他怎样死法，是屈辱而死呢，还是为民族利益而死？我选取了后者，要把这片忠心记录在历史上。文天祥被拘囚在北京一个阴湿的地牢里，受尽了折磨，元朝多次派人劝他，只要投降，便可以做大官，他坚决拒绝，终于在公元1283年被杀害了。

孟子的三句话，在文天祥的身上都表现出来了……他写的有名的《正气歌》，歌颂了古代有骨气人的英雄气概，并且以自己的生命来抗拒压迫，号召人民继续起来反抗。

另一个故事是古代有一个穷人，饿得快死了，有人丢给他一碗饭，说，"嗟！来!"喂，给你吃！饿人拒绝了嗟来的施舍，不吃这碗饭，后来就饿死了。不食嗟来之食这个故事也很有名，传说了千百年，是有其积极的意义的。那人摆着一副慈善家的面孔，吆喝一声"喂，来!"这个味道是不好受的，吃了这碗饭，第二步怎样呢？显然，他不会白白施舍，吃他的饭就要替他办事！这个饿人是有骨气的，看你这副脸孔，神气，居心，宁可饿死，也不吃你的饭……

不食嗟来之食，说明了中国人民的骨气。[①]

这四段文字中就引述了三个例子，来具体说明中国人是有骨气的。

再比如运用讲道理的方法，用经典著作中的精辟见解、名人名言等来证明观点。《谈读书》这篇文章中，列举"读史使人明智，读诗使人灵秀，数学使人周密，科学使人深刻，伦理学使人庄重，逻辑修辞之学使人善辩"这六门科学知识的作用进行论证，进而总结出"凡有所学，皆成性格"这一观点。这就是道理论证，它可以增强文章的说服力，使论证更有力。《西游记》中人物众多，人物的特点也各不相同，把几个或几类人物进行对比后再展开分析，就可以运用这种方法。

---

① 吴晗著，苏双碧、陈梧桐主编《吴晗文集》(第四卷)，北京出版社，1988年第1版，第26~27页，有改动。

比喻论证是指用比喻者之理去论证被比喻者之理的论证方法，这样道理讲得通俗易懂，语言生动形象，容易被人接受。

了解了这些知识后，就可以尝试进行创作了。我们也将在下面的内容中共同鉴赏其他同学的作品，从实例中学习更多的写法和思路。

二、初出茅庐
——有重点的《西游记》评论

（一）作品赏析

在这一部分中，我们通过阅读其他同学的作品，一起取长补短，为自己的创作积聚知识。我们首先来看第一个作品。

论八戒的勤与惰

北京市第八十中学八年级 14 班　邵禹涵

在吴承恩的这部《西游记》中，我印象最深的角色莫过于猪八戒了。因为他是一个接地气，融猪、神、人为一体的角色。

猪八戒这个名字，顾名思义，本体是动物——猪，让人能够直接联想到的词语是懒惰、无能。在吴承恩笔下，他也没有少了好吃懒做的一面。书中第十八回写道，猪八戒"食肠却又甚大：一顿要吃三五斗米饭；早间点心，也得百十个烧饼才彀。喜得还吃斋素"，可见他的食量惊人。在看到人参果后，他垂涎欲滴，囫囵吞下后还不知滋味，显得有些傻气。后来他也因为好吃被妖精欺骗，遭到师父的痛骂。同样，猪八戒也爱睡觉，无论何处都能变成他的休息地。巡山途中，他直接以"钉钯"铺个地铺，酣然而睡。真是既为他的傻发笑，又怕他的傻被人利用。

当然，能成为唐僧的徒弟，又曾是天蓬元帅，光是会吃会睡是远远不够的。在师父遇险急需营救时，他可从不含糊，孙悟空每次出门打妖怪必定叫上猪八戒。事实上，我们被电视剧的内容影响，主观上认为一路上挑担的是沙僧，其实不然。原著中明确告诉我们，大部分时间挑着"四片黄藤篾，长短八条绳。又要防阴雨，毡包三四层。匾担还愁滑，两头钉上钉"重担的，正是猪八戒。纵然他身上有很多缺点，但他也有美好的品质。在作者笔下，八戒正是这样一个优缺点交融、美与丑并存的人物。世上无完人，有缺点，才更有人味儿。

我们再走进第二个作品，看看异同。

八戒的性格

北京市第八十中学八年级 14 班　某学生

《西游记》中猪八戒受了菩萨戒行而得名"八戒"。虽是如此称呼，可他戒得并不彻底。猪八戒好吃懒做。在沙僧加入取经队伍后，八戒便把挑担子的任务交给了他。八戒贪吃的本领不是一般的高强。他还贪恋美色，在盘丝洞等地方被妖精迷惑，难分敌我，为取经造成了不小的麻烦。他还有些胆小怕事，遇到困难会打退堂鼓，意志不够坚定。这些弱点其实都是人性的体现。在西行的途中，他有时会抱怨，这体现出他并不适应颠沛流离的生活，他有时候还会说出"回高老庄做女婿"之类的话，可见，过安稳的日子是他的愿望。

当然，猪八戒也有许多优点，比如心胸宽广、不计较小事、听师父的话等。他还充满喜剧天分，让取经之行多了许多乐趣。

我们可以对比这两名同学的作品，以此来发现问题。可以看出，两名同学选择的主题基本相同，我们之前也曾提到，同学们可以根据自己的专长或者爱好来独立定题，选择自己研究的、有心得的地方来评。扬长避短有助于初学者定题并进行创作。首先，这两名同学在定题上都没有出现问题。再看具体评论的过程，他们都从正反两方面运用对比的方法阐述了自己的观点。但在论证的过程中，区别就出现了。第一名同学的评论更为细致。这里的细致体现在评论的过程中，他更为注重引用。在好吃这方面，他引用了"食肠却又甚大：一顿要吃三五斗米饭；早间点心，也得百十个烧饼才彀。喜得还吃斋素"这段话，这处引用比自己的分析更为直接，因为书中就是这样写的，能够清楚明白地说明猪八戒好吃这个特点。第二名同学对于引用的运用就缺少了些，评论的内容大部分是他自己的概括。这种方法不是不行，但是与"引用＋分析"的形式相比就逊色了不少。"八戒贪吃的本领不是一般的高强。他还贪恋美色，在盘丝洞等地方被妖精迷惑，难分敌我，为取经造成了不小的麻烦。他还有些胆小怕事，遇到困难会打退堂鼓，意志不够坚定。这些弱点其实都是人性的体现。"从这段话中我们就能发现，缺少了原文的支持，很多自己的观点就虚无缥缈了。猪八戒吃的本领高强，强在何处？为取经造成了哪些麻烦？遇事会打退堂鼓，意志不够坚定，这些问题都是如何体现的呢？观点虽然明确，但是没有更多的内容来支撑。这种情况也就直接造成了第二个不细致——表述不具体导致没有深度。虽然两名同学都谈到了猪八戒除好吃懒做之外还有一些优点，但是第一名同学明显说得更为具体，这样才有了"不含糊"等观点的产生，从而上升到"八戒正是这样一个优缺点交融、美与丑并存的人物。世上无完人，有缺点，才更有人味儿"这个层次，让作品有了新的高度。通过对比，我们不难发现，引用原文并与自己的作品紧密结合，才能让评论更加具体，层次更高。在这里，我们不妨欣赏这样一段评论，看一看它的优点在哪里。

（二）高度提升

猪八戒自己多次不断地宣称自己老实。小说第二十五回，孙悟空师兄弟三人偷吃了人参果，唐僧追问他们偷吃人参果的事，猪八戒推得一干二净，说："我老实，不晓得，不曾见。"这个情节可以看出猪八戒的特点。猪八戒只要一有机会，就要迫不及待地或者不由自主地去干一些满足自己私欲但又不那么光明正大的事情，这是他与生俱来的一种弱点，天性是憋不住的。此其一。而且，他干了这些事情以后，肯定要设法掩饰自己，设法为自己开脱，从来不光明正大地承认自己干的错事。此其二。还有第三个方面，就是一旦他的西洋镜被揭穿了以后，他不仅绝不脸红，而且总是会自我解嘲的。

如果只有前两点，我们会觉得这是一个恶人，偷鸡摸狗，不光明正大，什么坏事都干，而且让人抓住还死不认账，还要撒谎。但是猪八戒为什么干了坏事，撒谎，骗人，人家还觉得他可爱呢？就是因为他的小把戏被揭穿了，揭穿了之后还不脸红，还自以为是，自我解嘲，自我开脱，自我认可，这就是喜剧性的形象，而不是悲剧性的形象。悲剧性的形象总是觉得自己不行，自卑感很重，而喜剧性的形象大多自我感觉良好。比如孙悟空在如来佛的手掌心里蹦了半天，自己觉得蹦得极远了，自我感觉非常好，撒泡尿证明"到此一游"，结果回来一看，还在人家手心上。但他不服输，还要跟如来佛他们辩解，可见他的自我感觉始终良好，打败了也从来不承认自己失败，这就是喜剧性形象的特点。猪八戒也有这种特点。[1]

这段文字同样在谈猪八戒的人物形象，我们也看到了不老实、喜剧形象等表述频繁出现。在分析的过程中，合理展开论述非常重要。这段文字从偷食人参果这一件事中说明了三个观点：与生俱来的天性是憋不住的，八戒在做错事后一定为自己开脱，他不仅不脸红还会自我解嘲。这三个观点一摆出，猪八戒不老实的特性就被分析得非常透彻了，当然这里还不算完，这段文字还就这三个观点继续展开了分析。若只有前两点，猪八戒实属"恶人"，但正是因为有自我解嘲，自以为是，反而把这种形象变得更有喜剧性了。到这里，还不算完，这段文

---

[1]　郭英德《中国四大名著讲演录》，广西师范大学出版社 2006 年第 1 版，第 213 页。

字又结合了孙悟空与如来佛祖的交锋，为我们把孙悟空的喜剧形象分析了出来，作为与猪八戒喜剧特点的对比。

通过以上内容，大家是否学到更多创作文学评论的技巧了呢？在这里，希望大家通过这一节的学习开阔自己的视野，在阅读他人作品时去粗取精，找到解决自己写作问题的方法。

三、驾轻就熟
——有深度的《西游记》评论

(一)作品赏析

经过了之前的学习，相信大家评论性写作的功底都更强了。这里我们再走进几名同学的更高水平的作品中，看一看他们的想法。

《西游记》对朝廷的批判
北京市第八十中学八年级 13 班　郭彦博

在《西游记》中，大家最熟悉的情节可能就是大闹天宫了。小时候，我们都会觉得这是一个很有趣的故事，但通读几遍后，我发现这个脍炙人口的故事充满了对古代朝廷的讽刺和批判。

我们先来看一下孙悟空第一次做官时的经历。当时，天庭封他为弼马温，也就是养马的官。他在工作中可以说是尽职尽责，书中写道，他"昼夜不睡，滋养马匹。日间舞弄犹可，夜间看管殷勤：但是马睡的，赶起来吃草；走的捉将来靠槽。那些天马见了他，泯耳攒蹄，都养得肉肥膘满"。要是按现在的标准，这可以算是很好的员工了。但天庭对此没有表示，做得再好也只能换了一个"好"字，但工作稍有差池还要受到批评，一怒之下，孙悟空回到了花果山。天庭此时竟然做出了一件离谱的事——派兵捉拿。这就相当于去捉拿一个做出业绩、但是主动辞职的员工。这件事无论放在古代还是现代都是十分荒谬的。当然，这里的结果我们很清楚。后来，天庭又承认了孙悟空自封的齐天大圣，让他看管蟠桃园。齐天大圣来此，又一次把他的尽职尽责表现得淋漓尽致。到桃林后，先查明了株数，三五日一次赏玩，喜爱交友的他竟然也不交友，也不他游，全身心地投入对蟠桃园的管理中，可王母娘娘举办的蟠桃盛会却没有邀请他。齐天大圣再次成了有名无实的代名词。天庭如此轻视一个可算"低层"出身的小官，作者借此讽刺的社会状态我们便不难想象了。

我们可以发现，这名同学的作品已经具备了较高的水平。从选题上看，他选取了《西游记》对社会的讽刺这一主题。这个主题很大，如果泛泛而谈就会显得十分空洞。在这里，他聚焦到孙悟空这个人物上，把悟空在天庭做官这一段情节作为论证自己观点的核心。化繁为简、以小见大是我们在进行评论性写作时用到的重要方法。孙悟空到天庭做了两次官，一次是养马官，一次是果园管理员。虽然第二次有齐天大圣之名，但这两个官在天庭看来都是可有可无的"芝麻官"。这种招安没有任何诚意，只是一种稳住孙悟空，不让其闹腾的方式。而不了解官场的孙悟空尽职尽责地做着自己的本职工作，把马养得肉肥膘满，把蟠桃园管得井井有条。纵然是这样，天庭仍然不把他放在眼里，而且对待他下界回花果山的态度就像对待暴徒一样，选择了以武力解决问题。这何尝不是对黑暗官场的真实反映呢？何尝不是当时社会的真实写照呢？这样一篇作品展现在我们眼前时，你是否会眼前一亮，找到更多的灵感呢？

我们再来看一篇文章。

自由无界

北京市第八十中学八年级 15 班　某学生

孙悟空是整部《西游记》中最崇尚自由的人。他本身就无所羁绊，所以他追求更为广阔的世界，致力于打破世上所有的束缚。孙悟空大闹阎罗殿，打破生死规则，来往于世间各处无所顾忌，这些都是他追求自由的表现。大闹天宫则将这一点表现得淋漓尽致。皇权在当时是至高无上的，但是孙悟空却直言："皇帝轮流做，明年到我家。"还有在第五十二回，当发现作怪的妖是太上老君的青牛时，他便敢问老君与玉帝的罪过。他完全不将强权放在眼中，这体现了他自身极强的反抗与叛逆精神。

但即使是这样的一个孙悟空，也依旧在西游之路上有了极大的改变。他先是戴上了紧箍，被强行约束。在因白骨精之事被赶走后，他也"止不住腮边泪坠"，而在第五十六、五十七回中，孙悟空打死打伤一伙强盗，被师父赶走时，更是"泪如泉涌，放声大哭"。他本是世间最痛快之人，却也三番五次因师父而落泪。先前的不反抗是因为紧箍咒，而后的不反抗以及不舍，则是因为师徒之情。他不再一味追求自由，而是顺应了这种情感下的不自由。

所以说，孙悟空是一个追求自由的角色，但取经之事又让他的这种自由被画上了一个圈，他最终能够在规则中、在情意中主动地完成取经的任务，也算是修成正果的另一方面的表现。

这篇文章谈论的是孙悟空的自由与不自由，这个问题是辩证的。在评论时如果能够如此辩证地看待问题，就可算是一大进步了。孙悟空到底自由不自由呢？这个问题恐怕没有确切的答案，这恰恰就是一个可以探究的问题。前期，孙悟空确实非常自由，他学习仙术上天入地，这是空间上的自由，大闹阎罗殿，篡改生死簿逆天改命，这是时间上的自由。也正因如此，天庭才派兵捉拿这个太过"自由"的猴子。但在被压在五指山下五百年后，他不自由的历程就开始了。聪明的人就是这样，他懂得适应，既然事已至此，反抗一个不可能战胜的人，还不如顺应，在紧箍咒的束缚下，孙悟空选择了顺从。而这种选择，恰恰让他收获了最宝贵的东西——情。同时，他也顺利地完成了极为艰难的取经任务，终成正果，再次收获了自由。这次收获自由后他还会像以前那般放肆吗？答案一目了然。作品选取了恰当的主题，旁征博引，巧妙分析《西游记》中看似简单却富于变化的问题，无疑是一篇佳作。

两篇文章的选题虽然都很博大，但是两名同学能够运用自己的方式，清楚明白地阐述自己的观点。接下来，我们再以郭英德教授的一段文字与大家分享，希望大家通过阅读这段内容再次提升自己的高度，开阔自己的眼界。

(二)高度提升

《西游记》还构置了一个象征性的形象体系，以启发人们对人生哲理的思考。小说围绕着取真经、成正果的中心，设计情节，展开想象，构成了一个假定性的整体形象，一个开放式的象征体系。因此，小说的美学意义不仅仅在于折射现实，也不仅仅在于西行取经，而有着深层的哲理意蕴。如果说"真经"象征着真理，"正果"象征着理想，那么，西行取经则传达出人生进取的顽强品格和人类文明的探求精神，以及这种精神品格背后所隐藏的艰辛与痛苦、希望与成功。

例如，在小说中，唐僧和孙悟空的师徒关系是因取经而建立的，他们的目标在于求取真经、劝人为善。而唐僧一念西行的坚强决心和坚定信念，是取经队伍中的任何人包括孙悟空也不能与之相比的。孙悟空之所以师礼唐僧，拜伏在唐僧脚下，根本上就是因为对至善理想的虔诚崇拜。然而，在如何达到"劝人为善"的目的这一问题上，唐僧与孙悟空之间存在着重大分歧，因而衍生出种种矛盾冲突。唐僧"微生不损，见苦就救"，"扫地恐伤蝼蚁命，爱惜飞蛾纱罩灯"，企图以"善"的手段求善，以致人妖颠倒，善恶不分，受尽妖精折磨。而孙悟空则主张以眼还眼，以牙还牙，主动出击，除恶务尽，是以"不善"的手段求善，终于降伏一切妖魔，取得真经，成为"斗战胜佛"。小说实际上否定了唐僧的迂阔冬烘，肯定了孙悟空的顽强进取。①

　　郭老师对西游记的评论中包含着更深层次的思想，希望大家在阅读后能够有所悟有所得。对《西游记》的分析不能仅停留在表面，需深挖，在挖掘内涵后，还需要看到更多思想性的内容。《西游记》不仅歌颂了孙悟空的反抗精神，也不仅反映了人民群众对封建势力的憎恨情绪和反抗要求，它更多地将千百年来佛教与道教的传说融合成了一个全新的神话体系，将自然与社会、外在与内在联系成一个多重象征的体系。理想与现实，善与求善，多种思想内涵的融合才构成了独一无二的《西游记》。

---

① 　郭英德《中国四大名著讲演录》，广西师范大学出版社 2006 年第 1 版，第 181～182 页。

第三节

有视野的拓展

一、跨越时空的契合
——《西游记》与《格列佛游记》比较阅读

《义务教育语文课程标准（2011 年版）》中关于阅读的课程目标中，要求学生"具有独立阅读的能力，学会运用多种阅读方法。有较为丰富的积累和良好的语感，注重情感体验……能初步鉴赏文学作品，丰富自己的精神世界"①。阅读能力的提升需要以必要的阅读方法为辅助。在众多阅读方法中，比较阅读，可以提升阅读和分析能力、思维和语言综合运用的能力，是较高层次的阅读方法。学会应用比较阅读法，会使我们受益终生。

比较是使思维深化的重要手段，比较贯串于阅读思维的全过程。中学生在阅读众多经典文学作品的过程中，在内容、思想、语言风格、表现手法等方面将相关内容不断进行比较、对照和鉴别，这样既可以开阔眼界，活跃思想，使认识更加充分、深刻，又可以看到异同，把握特点，提高鉴赏力。

---

① 中华人民共和国教育部制定《义务教育语文课程标准（2011 年版）》，北京师范大学出版社 2012 年第 1 版，第 7 页。

成书于中国明代的长篇小说《西游记》和英国十八世纪小说家斯威夫特的代表作《格列佛游记》，都是世界著名小说，也都是文学想象艺术的杰作。《西游记》是中国神魔小说的经典之作，达到了古代长篇浪漫主义小说的巅峰。《格列佛游记》堪称英国乃至世界的幽默讽刺文学的经典。两部作品都深受全世界读者的喜爱。两部小说虽然产生于不同的时代、不同的地域、不同的文化习俗背景，但是用比较的眼光去阅读审视它们会发现，在情节内容、思想主旨、艺术表现形式等方面，它们都存在一些相似之处。比较这样两部妙趣横生的游记，研究其选材、立意、表达等方面的异同，一定是一个充满趣味的过程。这对于中学生拓宽阅读领域，提升阅读兴趣以及提高阅读能力都是颇具意义的。

图6 人民文学出版社《格列佛游记》书影

(一)故事内容概览

《西游记》以"唐僧取经"这一历史事件为蓝本，创造了一系列妙趣横生、引人入胜的神话故事。全书主要描写了孙悟空出世及大闹天宫后，遇见了唐僧、猪八戒和沙僧三人，西行取经，一路降妖伏魔，经历了九九八十一难，终于取得真经返回长安，最终修成正果的故事。《格列佛游记》中作者虚构情节，以船长里梅尔·格列佛为第一人称，叙述他周游四国的经历；通过描写格列佛在利立浦特、布罗卜丁奈格、飞岛国、慧骃国的奇遇，创造出一个个内涵丰富的故事。

(二)跨越时空的契合

第一，在作品表现形式上，两部作品都采用游记的书写方式。《西游记》记录了师徒四人历尽磨难，远赴西天取经的过程。《格列佛游记》讲述了主人公四次出海，周游各国的离奇经历。

第二，在情节上，两位作者都极尽想象，为读者营造出了一个奇幻神异的世界。《西游记》中孙悟空从出生到大闹天宫，从跟随唐僧取经经历八十一难到最后被封为"斗战胜佛"，所有光怪陆离的奇闻逸事，可说是极尽变幻。如人们喜闻乐见的"八卦炉中逃大圣""三打白骨精""三调芭蕉扇"等都是极其精彩、广为流传的故事片段。取经路上所遇的一处处奇妙境地，就更是异想天开了。天宫、地狱、龙宫，奇山、怪水、异国风情……令人叹为观止。《格列佛游记》同样运用奇幻夸张的想象创造了四个不同于现实世界的神奇国度。神奇国度的一切生灵虽然奇异夸张，但不失生动逼真，皆因作者丰富与细腻的想象。比如飞岛国和慧骃国的臣民，他们的外貌和生存状态都与现实世界的人类大相径庭。飞岛国人的头向右或者向左偏歪，他们的眼睛一只向里凹，另一只却直瞪天空。在这个国家，国民仅对数学和音乐感兴趣，整日沉思默想，身边的仆人需要随时用气囊拍打他们的嘴巴和耳朵来提醒他们与别人交流。慧骃国，这个国家的统治者是有理性的、公正而诚实的马。供马驱使的耶胡——"人"——却是一群丑陋龌龊、贪婪淫荡、残酷好斗的畜类。耶胡好吃懒做、贪得无厌。为了争夺宝石，它们会博斗起来，甚至发动大规模的战争。它们吃饱以后就互相搂抱厮打，丑态百出。

第三，从思想内容方面看，两部小说都对当时的现实社会进行了批判，在奇异的想象描述中寄托了作者的社会理想。

《西游记》是一部充满浓烈幻想的神魔小说，塑造了许多神、佛、妖、魔的形象，书写了离奇莫测的故事，这一切看来是很荒诞的，在现实社会中是不存在的，却有着一定的现实性。透过故事表象，我们不难领悟到，孙悟空与神、佛、魔的矛盾，是现实社会矛盾的曲折反映。天宫、玉帝、天兵天将，其实是现实社会中的帝王以及文武官吏的折射。孙悟空的反抗性也有一定现实意义。天宫在中国神话传说中向来都被美化为天堂，至高无上，神圣不可侵犯，但在《西游记》中，富丽堂皇又统治森严的天宫被一个"妖猴"搅得不得安宁，玉帝惊慌失措，天兵战战兢兢。在孙悟空眼中，一切都是平等的。他初次到灵霄宝殿，"挺身在旁，且不朝礼"，直到玉帝问"那个是妖仙"时，他才躬身答应道："老孙便是。"玉帝恕罪后众仙高叫"谢恩"，他不过"朝上唱个大喏"，旁若无人的样子令人印象深刻。大闹天宫后，如来佛斥问孙悟空，孙悟空堂堂正正地答道："我本：天地生成灵混仙，花果山中一老猿。水帘洞里为家业，拜友寻师悟太玄……灵霄宝殿非他久，历代人王有分传。强者为尊该让我，英雄只此敢争先。""常言道：'皇帝轮流做，明年到我家。'……"孙悟空的这些言行明显展现了现实社会中人民群众的呼声和反抗精神。《格列佛游记》创作于十八世纪初，当时的英国正处在一个政治形势变化的时代。斯图亚特王朝虽然被推翻，但顽固的封建势力一时难以彻底摧毁，新建立的君主立宪资产阶级政权实际上是资产阶级对贵族阶级妥协的产物。政权内部党派轮流执政，互相倾轧，争权夺利，社会风气腐败。《格列佛游记》正是这一现实的影射。在小人国利立浦特的小朝廷里，也同样充满着阴谋诡计。身高不满六英寸（英制单位，1英寸相当于 0.025 4 米）的贵族大臣们为鞋跟高低而分党结派，钩心斗角，为吃鸡蛋打大头还是打小头而发动战争，侵略别国。这是对英国的政治制度以及英国统治阶层的无情揭露和批判。

在《西游记》中，作者心目中的理想家园不是天宫，不是西天，而是东胜神洲傲来国的花果山。在那里，石猴"与狼虫为伴，虎豹为群，獐鹿为友，猕猿为亲"。美猴王登上王位之后，领着群猴过"朝游花果山，暮宿水帘洞，合契同情，不入飞鸟之丛，不从走兽之类，独自为王，不胜欢乐"的生活，没有压迫，没有剥削，没有人世间的种种不平，这和当时黑暗腐朽的封建王朝的现实形成鲜明的对比。《格列佛游记》中的大人国和慧骃国，可以说是斯威夫特理想中的国家。大人国的国王博学多才，性情善良。他说："谁能使原来只生产一串谷穗、一片草叶的土地长出两串谷穗、两片草叶来，谁就比所有的政客更有功于人类，对国家的贡献就更大。"①这是斯威夫特理想中的开明君主：具有"常识和理智，公理和仁慈"的理性主义哲学家。这种社会理想，在慧骃国游记中表现得更为突出。聪明的慧骃，他们大公无私、友谊仁爱。在慧骃国里，没有欺骗，没有凶杀，没有土匪，没有钩心斗角，没有政客，没有恶霸，没有虚伪……国家一切事情由全国代表大会决定，是完美的理想国模型。

第四，艺术风格上两部作品都堪称讽刺艺术的杰作。《西游记》写神魔之争，对当世的封建帝王明世宗进行了批判和嘲讽。神通广大的孙悟空被授予弼马温一职后，"昼夜不睡，滋养马匹。日间舞弄犹可，夜间看管殷勤"，将天马"都养得肉肥膘满"，但是，当他听到众监官说他"这等殷勤，喂得马肥，只落得道声'好'字；如稍有些尪羸，还要见责；再十分伤损，还要罚赎问罪"，孙悟空一气之下，打出天门。猴儿询问时他说："玉帝不会用人。"这些描述中包含着作者对玉帝鄙夷的态度，实际上也是对"奉道"的帝王的鄙夷、嘲弄。当孙悟空竖起"齐天大圣"的旗帜，大败天兵天将时，玉帝与太白金星玩弄手段，承

① 乔纳森·斯威夫特著，张春编译《格列佛游记》，太白文艺出版社 2017 年第 1 版，第 67 页。

认"齐天大圣"的虚职，又一次招安孙悟空，意欲"不与他事管，不与他俸禄，且养在天壤之间，收他的邪心，使不生狂妄"。此等阴谋诡计正是封建统治者用来招安和打击农民起义的惯用伎俩。车迟国妖道凭借呼风唤雨、点石成金之类的法术骗得"君王好道爱贤"；比丘国国王被狐狸精所惑，纵情享乐，命在须臾，更有听信道士蛊惑，要拿一千一百一十一个小儿的心肝作药引子的丧心病狂举动。西行路上经过的一些国家中的国王的各种劣迹，集中反映了封建皇室的腐朽黑暗。

讽刺同样是《格列佛游记》最突出的创作艺术形式。作者采用影射、夸张、反语等表达技巧来进行讽刺。书中的讽刺既尖刻诙谐，又辛辣严肃，使作品主题鲜明生动。讽刺的对象上至统治阶级，下至平民。如小人国穿高跟靴和低跟靴的两个政党之间的纷争影射英国议会中的党派之间不务正业、钩心斗角的争斗；吃鸡蛋应该先打破大头还是小头的争执影射天主教和新教关于宗教仪式的分歧；利立浦特和不来夫斯古帝国的战争影射英国和法国之间的连年战争以及殖民主义；飞岛国科学院人士所从事的无聊而荒唐的科学研究讽刺当时英国脱离实际、沉溺于幻想的科学家；飞岛上的人和地上人民之间的斗争讽刺了英国对爱尔兰的统治和剥削。小说不仅讽刺抨击了社会现状，还在更深的层面上，直接讽刺了人性本身。格列佛来到没有金钱、没有军队警察的慧骃国，向他的马主人解释说："我们的'耶胡'认为，不论是用钱还是攒钱，钱总是越多越好，没有个够的时候，因为他们天性就是这样，不是奢侈浪费就是贪得无厌。富人享受着穷人的劳动成果，而穷人和富人在数量上的比例是一千比一。因此我们大多数人民被迫过着悲惨的生活……"①人兽颠倒的慧骃国强烈讽刺了现实社会人性的贪婪。

---

① 乔纳森·斯威夫特著，张健译《格列佛游记》，人民文学出版社 2015 年版。

二、救赎
——《西游记》与《一个人的朝圣》比较阅读

图7　北京联合出版公司《一个人的朝圣》书影

《西游记》在我国可谓家喻户晓，其成书于明代中期，全书主要讲述了孙悟空出世及大闹天宫后，遇见了唐僧、猪八戒和沙僧，唐僧师徒四人一路降妖伏魔，跋涉十万八千里，历经九九八十一难，到达西天求取真经修成正果的故事。①

《一个人的朝圣》讲述的是英国一个60多岁的退休老人哈罗德·弗莱全程历时87天，行程627英里（英美制长度单位，1英里合1.609 3千米），徒步穿越英格兰的故事。哈罗德的出发点本是为了给

---

① 这部分主要参考秦宇霞《救赎的双重指向：救他与自救——〈西游记〉与〈一个人的朝圣〉的主题共鸣》，《湖北经济学院学报》（人文社会科学版），2018年第11期。

予他人希望，但最终的结果却是完成了自我的救赎。他对自身的价值有了新的认识，对现实命运也能够坦然接受。同时，其妻子在等待及关注哈罗德的过程中，也对曾经的痛苦经历重新进行了审视，对爱产生了全新的领悟和认识。《一个人的朝圣》的作者是英国女作家蕾秋·乔伊斯。小说一在中国内地出版，便成为畅销书之一。

两部作品表面看来似乎完全没有交集：一个是中国古典魔幻主义作品，一个是英国当代现实主义作品；一个情节曲折离奇，一个情节平实淡然；一个有着稳定的团队，一个是以个人为主，团队随聚随散。然而细究之下，两者却有很重要的共同性，我们从以下方面做简要分析。

(一)朝圣的目的：救赎

"救赎"这个词在文学和现实中，多指为了拯救他人而采取一定的行动或做出一定的牺牲，《西游记》和《一个人的朝圣》的故事即缘此而起。

《西游记》中唐僧一行人要到西天取经，其原因在于救赎世人。小说第八回中，如来给众弟子讲经完毕，随之说道——

> "我观四大部洲，众生善恶，各方不一：东胜神洲者，敬天礼地，心爽气平；北俱芦洲者，虽好杀生，只因糊口，性拙情疏，无多作践；我西牛贺洲者，不贪不杀，养气潜灵，虽无上真，人人固寿；但那南赡部洲者，贪淫乐祸，多杀多争，正所谓口舌凶场，是非恶海。我今有三藏真经，可以劝人为善。"

由此可知，在如来眼中，南赡部洲乃罪恶之渊，人们沉迷其中却浑然不知，必须有一个人前去点化他们。故造真经以度罪人，但又担心自己送到东土，众生愚蠢，毁谤真言。故需寻"一个善信，教他苦历千山，询经万水，到我处求取真经，永传东土，劝化众生"。

西方佛祖之旨与人间君王之意相合：李世民梦游地狱，感悟于恶鬼冤魂，急需经书超度亡魂，普谕世人为善。天上人间旨意相通，俱选中唐僧作为取经人。唐僧在寺庙长大，心志坚定，虔诚修持，听闻大乘佛法能超亡者升天，能度难人脱苦，能修无量寿身，能作无来无去，当即立下誓言："直至西天；如不到西天，不得真经，即死也不敢回国，永堕沉沦地狱。"从这里可以看出，无论是造经人还是取经人，西行都是为了救赎世人。

《一个人的朝圣》中的朝圣者哈罗德·弗莱开始徒步的目的也是救赎。小说一开始呈现在读者眼前的哈罗德是一个平凡普通的退休老人，他和妻子莫琳生活在金斯布里奇村，他们的生活如这个村庄一样宁静，直到一封信的到来，他平静的生活开始涌起波澜。这封信来自英国北部贝里克郡圣伯纳丁临终关怀疗养院，写信的是哈罗德的同事奎妮·轩尼斯，他们已经 20 多年没有见面，这是一封告别信，奎妮身患癌症，时日无多。读完信后哈罗德陷入紧张悲伤之中，这个消息给他带来的震撼太大了，很难用语言去形容。于是，他便踏上这段孤独的旅程，我们可以看到，哈罗德出发的目的，同样是救赎。

《西游记》从世界的东方到世界的西方，是为救赎他人；《一个人的朝圣》从英格兰南部到英格兰北部，为的也是救赎。因此，两部作品的主人公出发的目的是一样的。

（二）第二次成长：自我救赎

《西游记》和《一个人的朝圣》的主人公似乎都已经拥有成熟的人生，没有成长的必要和可能。尤其是孙悟空，他原本就非凡人。然而，这两部小说都向读者展示了他们的徒步之旅，也是他们的再次成长之旅。这集中体现在孙悟空和哈罗德夫妇身上。

孙悟空和哈罗德都经历过生命停滞期。孙悟空由仙石孕育而成，长于花果山，正因为如此，他没有受过伦理教育，完全不懂社会规则，养成了自由任性的个性。当野性难驯的孙悟空突破天地容忍的底线时，即被如来镇压在五指山下，这次镇压使孙悟空对自我能力产生了一定的怀疑，无论如何都逃不出如来的手掌心，这成了他的阴影。五百年幽闭期使悟空与外界的交往中断了，心灵成长停顿了。西行之路，重新开启了他的成长。西行途中，他通过与各路大仙、妖魔的较量，领会到了天外有天，人外有人，认识到了个人力量的渺小，学会了与人相处，从而真正理解了社会，掌握了社会规则，进而由一个自然人变成了一个社会人，完成了生命的第二次成长。

导致哈罗德心灵不能长大的原因来自家庭。13岁时，哈罗德的母亲离家出走，哈罗德的父亲酗酒变本加厉，在哈罗德16岁时，他的父亲将他赶出家门。哈罗德的心理年龄停止在那一刻，他没有学会怎样成长为一个父亲，因此在儿子降生之后，他尽管欣喜，想去宠爱，但没有学会爱的哈罗德不知道如何去表达爱。眼看儿子幽闭、酗酒、吸毒，他只能旁观，默默为儿子收拾残局却无能为力。儿子自杀之后，哈罗德痛苦自责，依靠酒精麻痹自己，一次酒醉之后，他将老板珍藏的木偶打碎了。这套木偶是哈罗德老板的母亲留下的纪念品，哈罗德的老板性情粗暴，人品卑劣，但他与母亲的关系很好。哈罗德打碎木偶，潜意识是对老板亲子关系的嫉妒，这也是心灵幼小的表现。奎妮担心哈罗德遭到残酷的报复，主动将事故承担下来，以辞职离开为代价。哈罗德酒醒之后，一切已无法挽回，从此奎妮成了他的心结，之后他不再喝酒，但是与他人的交往也停止了。

儿子自杀之后，莫琳不再出门，不与任何人打交道，每天整理儿子的房间，给儿子打电话，做儿子喜欢的菜肴，她假装儿子还活着。

他们夫妇将自己幽闭了长达 20 年。直到哈罗德开始徒步之旅，幽闭打破了，哈罗德夫妇在被迫与外界的接触中，开始了第二次成长。

哈罗德"明白了，在弥补自己错误的这段旅途中，他也在接受着陌生人的各种不可思议。站在一个过客的位置，不但脚下的土地，连其他一切也都是对他开放的。人们会畅所欲言，他可以尽情倾听。一路走过去，他从每个人身上都吸收了一些东西。他曾经忽略了那么多的东西"[1]。"他发现当一个人与熟悉的生活疏离，成为一个过客，陌生的事物都会被赋予新的意义。明白了这一点，保持真我，诚实地做一个哈罗德而不是扮演成其他任何人，就变得更加重要"[2]。

哈罗德离开之后，莫琳被迫走出家门，人际交往慢慢恢复正常。她接受了儿子已经死亡的现实，开始反思这几十年与哈罗德的相处，她认识到她只看到哈罗德的失误，没有看到哈罗德为家庭、为她、为儿子做出的种种努力。她承认自己的错误，再次接纳哈罗德，鼓励哈罗德完成朝圣之旅。这既帮助哈罗德完成了第二成长，也实现了自己的第二次成长，两人都变得心智成熟，心胸豁达。

总而言之，人的一生都处在不断成长之中，无论是有着几百年生命甚至长生的孙悟空还是 60 多岁的哈罗德夫妇，他们的每天都与昨天不同。他们拖着过去岁月的尾巴，走向明天，走向睿智平和的圆融之境。

人类的生存从来不是风和日丽、风平浪静的，时刻会有危险，或是来自外部的威胁，或是来自内心的暗礁。关注人生，关注心灵，这也是文学永恒的主题。从《西游记》和《一个人的朝圣》中可以看到，正是对人类生存困境、人类生命价值、精神信仰的终极叩问，使两部不

---

[1]　乔伊斯著，黄妙瑜译《一个人的朝圣》，北京联合出版公司 2013 年第 1 版，第 95 页。

[2]　乔伊斯著，黄妙瑜译《一个人的朝圣》，北京联合出版公司 2013 年第 1 版，第 198 页。

同时代、不同地域及文化背景的作品迸发出同样夺目的光辉，散发着非凡的魅力。

三、异彩纷呈的精灵鬼怪
——《西游记》与《聊斋志异》比较阅读

中国古代小说，从魏晋的志怪小说、志人小说到唐代传奇，文言短篇小说发展逐渐到了繁荣阶段。始于说书艺术的通俗小说，在唐代出现萌芽，发展到宋元流行的话本，已日趋成熟。到明清，中国小说发展进入前所未有的繁荣时期，长篇章回小说大量出现并日趋完善，将中国古典小说的发展推向了高潮。就影响力而言，明代小说在古典文学史上取得了与唐诗、宋词、元曲并列的地位。明清小说无疑铸就了中国古典文学前所未有的辉煌。

《西游记》是古典神话小说的代表，为中国"四大名著"之一，书中讲述了唐僧师徒四人赴西天取经的故事。在中国，乃至亚洲部分地区《西游记》已经可谓家喻户晓。

在清代文言小说创作的热潮中，取得最大成就的是蒲松龄的《聊斋志异》。全书收录各类短篇文言神话小说491篇。题材极其广泛，内容丰富多彩，天上人间、域内海外、官场民间的怪谈异事，山川草木、鸟兽鱼虫、精灵鬼怪的荒诞奇幻，无所不收，包罗万象。全书构思奇幻诡异、叙事曲折跌宕、人物形象异彩纷呈，堪称中国古典文言短篇小说的巅峰之作。

图 8　人民文学出版社全本新注《聊斋志异》(全三册)书影

　　《西游记》与《聊斋志异》中都包含大量动植物成精变人的神奇形象，他们都具有双面性——人性与物性，而且紧密结合，栩栩如生，跃然纸上，给读者留下了深刻的印象。①

　　《西游记》中唐僧师徒西天取经路上所遇的各路神魔鬼怪，除了神仙外，大都是动物所化的妖怪。就连取经队伍中的孙悟空、猪八戒、沙僧亦是如此。孙悟空是得天地日月之精华而化成的石猴，后来又历经艰险渡海修炼得道，他具有猴子的特性，机灵、顽皮、喜食瓜果，但他又是以神猴面目出现的，他勇敢、疾恶如仇，具有社会人的品性。猪八戒是天蓬元帅错投猪胎生成，具有猪的特性，长嘴巴、大耳朵、身粗肚大，吃苦实干却又贪吃好睡、懒惰，但不怕脏和累，饭量特别大。除此之外，他还具有人的性格特征，好色、自私，但又不叛大义，虽然呆头呆脑但也偶有心计，打妖勇敢，却又常闹散伙，取经

----

①　这部分主要参考孟斌斌《〈西游记〉与〈聊斋志异〉精变的比较研究》，东北师范大学 2005 年硕士论文。

信念不坚定。沙僧乃卷帘大将被罚下界，在流沙河为怪吃人，拜唐僧为师后笃定同去西天，他的人的性格表现为任劳任怨、踏实肯干、寡言少语、谨慎沉稳、自觉向善。至于取经路上的妖魔构成的其他精变形象，更是不胜枚举。盘丝洞的七个蜘蛛精变的女子、金鼻白毛老鼠精幻化的地涌夫人、狐狸精所变的牛魔王的爱妾玉面公主等，这些女妖们幻化成人后大都具有美艳的体貌和女性特有的魅力，但大都性情淫荡、心地歹毒，她们保留的物的特征明显表现在她们独特的施展法力的方式上，蜘蛛精用丝捕人、老鼠精洞府深不可测等。男性妖精亦是如此。

《聊斋志异》的精灵鬼怪形象更是多到让人目不暇接。在《聊斋志异》中幻化成人的动植物有狐狸、牡丹、龟怪、青蛙、乌鸦、香獐、老虎、狼、蛇、蝎子、绿蜂、老鼠、鹦鹉等，非常之多。这些动植物幻化成人形后在两种平行的世界中自由穿行，来去自如。狐女是《聊斋志异》中着墨最多的精灵鬼怪形象之一，比如《小翠》中的小翠、《胡四姐》中的胡四姐等，这些狐女幻化成世间的美丽女子，成为温柔、善良的普通妇女的化身，更是知恩图报的典范。具备人的性格的同时，她们又有着狐仙的法力，能够未卜先知，化解人的灾难，人性之中那些善良美好的品质都在她们身上有集中体现。除了狐以外，别的动植物幻化成的精变形象亦是如此。《西游记》与《聊斋志异》这两部作品中因有大量各具特点的精灵鬼怪形象的存在，给读者留下了深刻印象。精灵鬼怪形象在《西游记》和《聊斋志异》中成为主角，而且两部作品中的这类形象有同有异，因此，本部分将从小说形象塑造的角度对《西游记》和《聊斋志异》进行比较探讨。

（一）精灵鬼怪形象的相同点

第一，具有人的思维、情感、性格。上古神话中的女娲、烛龙等神灵，是由人的形体与鸟兽的形体组合而成的，他们主要体现的是神性。相反，《西游记》中的许多妖怪都费尽心思想要吃到唐僧肉而长生不老。三位徒弟凭着自己的本事和毅力一路上为唐僧保驾护航，他们的动物特征与人性特征紧密结合，形象鲜活动人。

第二，既具生物性，又有社会性，尤其是社会性。《西游记》中的孙悟空，有着猴子的特征，这就是所谓人、神、猴的统一。猴性的急躁、心高气傲、好斗，都在原著中有所体现。牛魔王喜新厌旧，不能从一而终，猪八戒贪吃好色，这些都是社会性的集中体现。作者将人的七情六欲赋予他们，突出了他们的社会性特征。在《聊斋志异》中也是如此，这些妖怪都是在社会中生存的，而且也是由生物幻化而成的，同样兼具生物性和社会性。

（二）精灵鬼怪形象的不同点

外形方面，《西游记》中的精灵鬼怪大多都凶恶丑陋。沙僧刚出场时"项下骷髅悬九个，手持宝杖甚峥嵘"；牛魔王"口若血盆，齿排铜板"……这些形象与现实中人的外形相差很远。我们发现《西游记》中的妖怪只有在想抓住唐僧吃肉时，才幻化成完全正常的人形，平时仍然一副狰狞恐怖的嘴脸。而《聊斋志异》中的大多数妖怪看起来很美丽，如"娇波流慧，细柳生姿"的狐女娇娜（《娇娜》），"芳容韶齿，殆类天仙"的香獐精（《花姑子》），等等，其非但在外形上与人相同，还给人以过目难忘的美感。

内心方面，《西游记》中的众妖大多外貌与内心一致，都十分险恶（孙悟空、猪八戒、沙僧皈依佛法，已不在妖魔范围内）。许多妖魔，行为表现都极为恶劣，吃人肉，强霸一方算是他们正常的表现。如隐雾山的豹子精说"剥皮亭内有吃不了的人头选一个来"，可见其平时是要以人为食的！《西游记》中的此类例子真是太多了，而《聊斋志异》中的精怪形象却截然相反，用心险恶者极少，善良者居多。

我们可以做这样的理解，《西游记》中人物的物性远大于人性，人性的善良在妖怪身上极少体现，相反，《聊斋志异》中对人性的体现就要远高于物性了。《聊斋志异》中大多数妖怪幻化后，都充分体现出了变形后人物的特点，除了有法力以外，其他方面的表现与现实生活中的人几乎无异。

《西游记》中的人物分类令人感觉很明确，第一类是唐僧师徒、仙家阵营，这一类人的人性、神性都极佳。猪八戒虽然好吃懒做但是忠心护主且不叛大义；沙僧出场形象极为恐怖，但加入团队后任劳任怨，成为取经团队中的调节剂；仙家道家就更不必说了，高高在上，虽然有时的决断也未必是最好的，但是人物形象都是正面的。而第二类就是妖魔鬼怪了，其中能够称得上好妖的几乎没有，但称之为残暴的数不胜数，这就是《西游记》中的两类人物。而《聊斋志异》中就不一样了，其中的精灵鬼怪个性化极强，独立鲜明，可以说每个妖怪都是"不一样的烟火"，若想给他们归类，就比较难了。

《西游记》还充满了非常浓厚的童话色彩。虽然《西游记》并不是儿童文学作品，但是其中不乏童话要素。猴子和猪这两种动物孩子们都很喜欢，其他的动物植物在塑造过程中也运用了想象，形象设计上均体现出了新奇，情节人物虽然夸张但也十分合理，这些都无不深深地吸引着孩子们。而《聊斋志异》中，妖魔鬼怪的戏份太足了，情节上也更加成人化，如果让孩子们去读《聊斋志异》，恐怕很多孩子会被吓到，不易于继续阅读。

(三)导致精灵鬼怪形象不同的原因

作者的情感取向非常重要。我们都知道《西游记》有对黑暗社会的讽刺。作者既然想表达这种情感，在塑造妖魔鬼怪形象的时候就要把他们塑造得尽可能极端，坏事做尽、凶狠残暴，这些形象都能充分体现作者对社会的讽刺。塑造孙悟空一类的正面形象将他们赶尽杀绝，杀个片甲不留无疑也是出于这种考虑。而《聊斋志异》的作者与吴承恩的情感取向就有很大的不同，他对于塑造的形象大多钟爱有加。花妖狐仙多为正面形象，和善可亲，他们可以跟人类产生爱情，甚至结婚生子过着幸福的生活。在他的笔下，人和妖早已没有了明确的界限。

(四)精灵鬼怪形象的源头

精灵鬼怪的形象来自上古神话。在"万物有灵"支配人们思想的时代，自然万物的变化在人们的脑海中渐渐幻化成与人相似的活生生的形象，只不过他们的形貌常常很奇怪，本领与威力比人大很多。如《山海经》中的钟山之神，睁眼白天，闭眼夜晚，吹气冬天，呼气夏天，人面蛇身。最初的"神"实际上就是初民思想中人格化了的自然。随着历史的发展，初民对完全兽形神的崇拜，演进为对半人半兽形神的崇拜。但上古神灵不过是人们想象中人与动物在外形上的简单拼凑，除具有神怪色彩外，他们并不参与到人的社会生活中。

还有一些精灵鬼怪源自唐传奇。从唐代开始，小说沿着神怪味渐淡、人情味加浓，反映真实社会面貌之路向前发展。这一时期的小说，精灵鬼怪的形象被塑造得更加圆满，而且人物和情节也更接地气，易于读者接受。

明清是中国小说的繁荣时期。这时的小说从思想内涵和题材表现上来说，已经最大限度地包容了传统文化的精华，而且经过通俗化的叙说后，传统文化便以可感的形象和动人的故事走进了千家万户，为广大平民群众带来了不同以往的精神大餐。以《西游记》《聊斋志异》为代表的神话、志怪类小说，其中异彩纷呈的精灵鬼怪形象及其相关的故事，让人读得饶有趣味。

后 记

金秋十月，当我放下笔，抚着书桌上那本《西游记》时，我充满期待地为你们写下这段文字。

改变从这里开始

《西游记》无疑是对我童年影响最大的一部书。1986 年版电视剧《西游记》创造了无数收视神话，每当前奏响起，无论大人还是孩子，都会冲到电视机前去尽情享用这份视觉盛宴。这部经久不衰的电视剧之所以会成功，其根本在于名著自身。但是，这好像并没有让更多人对《西游记》这部书产生浓厚的兴趣。反而，"妖怪，俺老孙来也""师父被妖怪抓走了"等内容似乎成了人们对《西游记》的认识。

一份幸运

幸运的是，《西游记》被列入初中教材名著阅读目录中。对于你们来说，这次阅读必是一次发现之旅。在阅读中，你们会随着作者上天入地，会随着剧情发展或胆战心惊，或捧腹大笑。你们会带着脑海中师徒四人的影像，重回文字中，感受《西游记》的魅力。

成长从阅读开始

《如何阅读〈西游记〉》一书的编写目的是让你们更好地阅读《西游记》，能够通过阅读本书获得知识，收获成长的快乐。这是我们最希望看到的。

在编写过程中，我们把书的内容分为作品概观、整体梳理和研读指导三个部分。在作品概观中，你们不但能看到《西游记》的前世今生，更能通过跨界阅读了解不同形式的《西游记》。整体梳理部分是对阅读能力的提升，我们查阅了大量资料，通过群策群力，反复推敲，最终从情节、结构、描写等多个角度做出了深入的分析，这其中可能会有很多你们在阅读中未发现的问题。阅读这部分内容时，我希望你们能够一字一句地去看，去思考，这必将令你们的理解能力有所提高。研读指导部分，我们为你们精心准备了几项任务，在觉得阅读有所收获时，你不妨尝试着做一做这些任务，为自己这次阅读经历画上圆满的句号。

感恩常在

我非常感谢我们团队的老师们，在创作《如何阅读〈西游记〉》一书的过程中，他们一遍又一遍地阅读原著，翻阅各种资料。感谢丛书主编吴欣歆老师，在全书的架构和内容选取等方面对我们的指导，从列提纲到撰写再到本书出版，吴老师的点拨让我们在前进的道路上走得更加坦然。最后，感谢你们选择《如何阅读〈西游记〉》一书，让这本书陪伴你们一起走过阅读的时光。

愿你们将阅读变成"悦读"，在书中探寻文学的魅力，感受世界之美！

赵　轩

2019 年 11 月